Königs Erläuterungen und Materialien
Band 236

Erläuterungen zu

Georg Büchner

Leonce und Lena

von Rüdiger Bernhardt

Über den Autor der Erläuterung:

Prof. Dr. sc. phil. Rüdiger Bernhardt lehrte neuere und neueste deutsche sowie skandinavische Literatur an Universitäten des In- und Auslandes. Er veröffentlichte u. a. Monografien zu Henrik Ibsen, Gerhart Hauptmann, August Strindberg und Peter Hille, gab die Werke Ibsens, Peter Hilles, Hermann Conradis und anderer sowie zahlreiche Schulbücher heraus. Seit 1994 ist er Vorsitzender der Gerhart-Hauptmann-Stiftung Kloster auf Hiddensee. 1999 wurde er in die Leibniz-Sozietät gewählt.

4. Auflage 2010
ISBN 978-3-8044-1760-1

Titelabbildung: Georg Büchner
Druck und Weiterverarbeitung: Tiskárna Akcent, Vimperk

Zitiert wird nach Georg Büchner: *Woyzeck. Leonce und Lena.* Hg. von Otto C. A. zur Nedden. Stuttgart: Reclam, durchgesehene Ausgabe 2001 (Universal-Bibliothek Nr. 7733).

Vorwort

Zu den wenigen guten Lustspielen der deutschen Literatur gehört Georg Büchners *Leonce und Lena.* Erst nach 1879, dem Jahr der von Karl Emil Franzos veröffentlichten Gesamtausgabe, und nach der Uraufführung 1895 fand es sein Publikum. Heute gilt Georg Büchner als bedeutendster deutscher Schriftsteller am Beginn der Moderne.
Das Lustspiel ist im Umfeld **des sozialkritischen Fragments *Woyzeck*** entstanden. Neben Shakespeare und der italienischen *Commedia dell'Arte*, die Büchner benutzte, sind es die deutsche Romantik und das klassische Erziehungsideal, die aufgenommen und parodiert wurden. Das Stück ist ein Lustspiel, allerdings gegründet auf Parodie und damit ein neuer Komödientyp. Die herkömmlichen Vorstellungen, also Heiterkeit und unbeschwertes befreiendes Gelächter, erfüllen sich nicht, denn Büchners Heiterkeit ist aggressiv und aus „Hass"[1] gegen die Aristokratie geboren. Um die Parodien und damit das Lustspiel zu verstehen, bedarf es der Kenntnis zahlreicher Bezugstexte.
Büchner schrieb an seine Familie, sein Spott sei „nicht der der Verachtung, sondern der des Hasses"[2], glaubte aber zu seiner Zeit nicht „im Entferntesten an die Möglichkeit einer politischen Umwälzung"[3], so sehr er sie für notwendig hielt.
Büchners Lustspiel wurde auch als **Vorläufer des absurden Theaters** gesehen[4]. Es gab Inszenierungen, die „Büchner für einen entfernten Vorfahren Becketts" hielten.[5] Das Thema war ein sinnlos geführtes Leben, das einem unerkennbaren, eben-

1 Vgl. Brief an die Familie vom Februar 1834. In: *Werke und Briefe*, S. 399
2 ebd.
3 Brief an den Bruder Wilhelm Büchner vom Juli 1835. In: *Werke und Briefe*, S. 418
4 Vgl. dazu Dedner 2001, S. 160 und Anm. 88
5 Günther Cwojdrak: *Warten auf Büchner.* In: Die Weltbühne. Berlin 1978, Nr. 38, S. 1200. Es handelte sich um die Inszenierung Jürgen Goschs an der Berliner Volksbühne 1978.

falls sinnlosen Schicksal unterworfen war. Nur als Narr wie Valerio konnte man dem Leben einen Sinn geben: „... der Weg zum Narrenhaus ist nicht so lang; er ist leicht zu finden, ich kenne alle Fußpfade, alle Vizinalwege (Gemeindeweg, R. B.) und Chausseen dorthin" (Valerio, 61). Im Unterschied zum absurden Theater tragen Büchners dramatische Figuren soziale Merkmale, was **Bertolt Brecht** interessierte. Die geistige Nichtigkeit der Figuren entstand aus ihrer sozialen Herkunft. Büchner stellt eine bedeutungslos gewordene, sich selbst betrügende Gesellschaftsstruktur vor, die sich im Kreise bewegt und erschöpft. Das Lustspiel wirkt kaum über situationskomische Effekte, sondern der Zuschauer/Leser benötigt Hintergrundwissen politischer, sozialer und philosophischer Art zum Verständnis, das in dem vorliegenden Kommentar in Auswahl geboten wird.

1. Georg Büchner: Leben und Werk[6]

1.1 Biografie

Jahr	Ort	Ereignis	Alter
1813	Goddelau (Hessen-Darmstadt)	17. Oktober: Karl Georg Büchner als Sohn des Arztes Ernst Karl B. und seiner Ehefrau Caroline Luise B. geboren. Georg Büchner stammt aus einer Arztfamilie.	
1816	Darmstadt	Vater wird Bezirksarzt und Großhrzl. Medizinalrat.	3
1819		Erster Unterricht durch die Mutter bis 1820.	6
1821	Darmstadt	Aufnahme in die „Privaterziehungs- und Unterrichtsanstalt" (Dr. Karl Weitershausen).	8
1824	Darmstadt	Bruder Ludwig Büchner geboren (gest. 1899) (damals bekanntestes der sieben Geschwister), mit seinem Buch *Kraft und Stoff* (1855) propagierte der praktische Arzt einen mechanischen Materialismus, der im Naturalismus einflussreich war. – Die Geschwister waren hoch begabt.	11

6 Neben Hauschild informiert: Thomas Michael Mayer: *Georg Büchner.* In: Arnold I/II, S. 357–425

Jahr	Ort	Ereignis	Alter
1825	Darmstadt	Ostern: Aufnahme ins Gymnasium (Großherzogliches Pädagog). Umfangreiche Lektüre, darunter Homer, Shakespeare, Goethe, Schiller, Jean Paul, Tieck, Herder, Heine und Volkspoesie.	11
1828	Darmstadt	Zirkel von Primanern, in dem religiöse, moralische und auch politische Fragen diskutiert wurden.	15
1829	Darmstadt	Schulrede, dabei Fichtes *Reden an die deutsche Nation* verwendet, die zu seiner Lieblingslektüre gehörten.	16
1830	Darmstadt	Rede zur Schulabschlussfeier über *Verteidigung des Cato von Utika*: Büchner lobt den selbstlosen Einsatz eines republikanischen Römers und zieht ihn dem Herrscher Cäsar vor. Er versteht das aktuell.	17
1831	Darmstadt	März: Öffentliche Abiturrede. Reifezeugnis.	17
	Straßburg	Medizinstudium; Wohnung bei dem Pfarrer Jaeglé, in dessen Tochter Louise Wilhelmine (Minna) Büchner sich verliebt. Sie sind mit Büchner entfernt verwandt.	18

Jahr	Ort	Ereignis	Alter
	Straßburg	17. November: durch seinen Studienfreund Eugène Boeckel Kontakt zur Studentenverbindung „Eugenia". (Eigentlich nur für Theologen.) Mittelpunkt sind die Brüder Adolph und August Stöber, mit denen sich Büchner befreundet.	18
1832	Straßburg	März: heimliche Verlobung Büchners mit Wilhelmine; Büchner spricht mehrfach in „Eugenia" über die unhaltbaren gesellschaftlichen Zustände und die sozialen Gegensätze von Arm und Reich.	18
	Paris	Juni: Volksaufstand, die Eugenia wird politisiert.	
1833		3. April: Anlässlich des Frankfurter Wachensturms Bekenntnis zum gewaltsamen Umsturz der sozialen und gesellschaftlichen Verhältnisse, Bekanntschaft mit Saint-Simonisten.	19
	Darmstadt	Juni: Wanderung durch die Vogesen; Ende Juli: Rückkehr ins Großherzogtum, um die gesetzlich vorgeschriebenen 2 Jahre an der Landesuniversität Gießen zu studieren.	

Jahr	Ort	Ereignis	Alter
	Gießen	31. Oktober: Immatrikulation an der Universität Gießen und besonderes Interesse für vergleichende Anatomie.	20
	Darmstadt	Nach schwerer Erkrankung (Hirnhautentzündung) Rückkehr ins Elternhaus.	
1834	Gießen	Lebenskrise: sogenannter **„Fatalismusbrief"**[7] an Minna; Januar: Fortsetzung des Studiums. Büchner lernt den „roten August" (August Becker) kennen, der ihn an den Pfarrer **Friedrich Ludwig Weidig** vermittelt.	20
	Gießen	Mitte März/April: Gründung der Gesellschaft der Menschenrechte (erste frühkommunistisch revolutionäre Vereinigung in Deutschland). Erarbeitet die Flugschrift *Der Hessische Landbote,* von Weidig entschärft.	
	Straßburg	Ostern: offizielle Verlobung mit Wilhelmine Jaeglé.	
	Darmstadt	Mitte April: Gründung einer Sektion der Gesellschaft der Menschenrechte.	

7 Während die Werkausgabe (*Werke und Briefe*, S. 395) diesen Brief im November 1833 vermutet, datiert ihn Poschmann (S. 290) etwa Mitte März 1834. Nach Th. M. Mayer wurde der Brief um den 9. bis 12. März, „vielleicht ein wenig später", 1834 geschrieben (Mayer: *Georg Büchner. Chronik*, S. 374).

Jahr	Ort	Ereignis	Alter
	Ruine Badenburg (bei Gießen)	Juli: Gründungsversammlung des „Pressvereins" auf Betreiben Weidigs: Rahmenprogramm für Flugschriften.	20
	Butzbach u. a.	Der drohenden eigenen Verhaftung entgeht Büchner durch resolutes Auftreten und ein fingiertes Alibi.	
	Darmstadt	Büchner bereitet sich auf das Examen vor, intensive Beschäftigung mit der Französischen Revolution.	
	Darmstadt	Herbst: politische Arbeit in der Gesellschaft, Waffenübungen, Vorbereitung der Befreiung Minnigerodes u. a.	21
1835	Darmstadt	Konspirative Tätigkeit, gerichtliche Vorladungen, Arbeit an *Dantons Tod*, Manuskript an Karl Gutzkow gesandt (erscheint unvollständig in der Zeitschrift *Phönix*).	
	Straßburg	März: Flucht vor der drohenden Verhaftung über die französische Grenze ins Exil; er meldet sich als Jacques Lutzius bei den Behörden. Freundschaft mit Wilhelm und Caroline Schulz beginnt und dauert bis zu Büchners Tod.	21

Jahr	Ort	Ereignis	Alter
	Frankfurt	18. Juni: Steckbrief Büchners erscheint; Büchner übersetzt Dramen Victor Hugos.	21
	Straßburg	Beginn mit der Untersuchung über das Nervensystem der Fische für die Promotion.	
1836	Straßburg	Die Société d'histoire naturelle de Strasbourg ernennt ihn zum Mitglied, philosophische Studien.	22
	Straßburg	Frühjahr: Für ein Preissausschreiben des Cotta-Verlages (1. 1. 1836) **erste Fassung von *Leonce und Lena*.** Arbeit am *Woyzeck* (Vorarbeiten zu einem Drama: *Pietro Aretino*). Besuch der Mutter und Schwester Mathilde.	
	Zürich	3. September: Universität Zürich verleiht Büchner die „philosophische Doktorwürde".	
	Zürich	18. Oktober: Übersiedlung nach Zürich. Probevorlesung, Privatdozent.	23
1837	Zürich	Januar: Erkrankung an Typhus.	23
	Zürich	19. Februar: Tod in Anwesenheit von Wilhelmine Jaeglé und zwei Tage später Beerdigung unter großer Teilnahme auf dem Friedhof am Zeltberg.	

Jahr	Ort	Ereignis
1875	Zürich	Überführung der Gebeine auf den Friedhof am Zürichberg. Auf dem Grabstein stehen die **Verse Georg Herweghs**: „Ein unvollendet Lied sinkt er ins Grab,/Der Verse schönsten nimmt er mit hinab." (1841)
1997	Goddelau	Im Geburtshaus wird ein Museum eröffnet.

1.2 Zeitgeschichtlicher Hintergrund

Georg Büchners kurzes Leben wurde mit einem Stern verglichen: „Leuchtend ging der Stern des Revolutionärs und Kämpfers Georg Büchner am Himmel der realistischen Literatur in Deutschland auf. Jäh erlosch er, als Büchner – vierundzwanzigjährig – 1837 im Exil an der Cholera verschied."[8] Sein Geburtstag fällt in eine wichtige Zeit des 19. Jahrhunderts: Am 16. Oktober griffen die verbündeten Armeen Preußens, Österreichs, Russlands und Schwedens Napoleon bei Leipzig an, nachdem die französische Armee 1812 in Moskau eine vernichtende Niederlage erfahren hatte. Die Völkerschlacht bei Leipzig veränderte die Welt. Die napoleonische Herrschaft über Europa war zu Ende, und der Wiener Kongress 1815 restaurierte die überholten **Machtverhältnisse der feudalen Duodezherrscher** (Fürsten über kleine und zersplitterte Herrschaftsgebiete). Das bedeutete auch die Zementierung territorialer Zerrissenheit. In Büchners Lustspiel durcheilen Valerio und Leonce in einem halben Tag 18 Fürstentümer und Großherzogtümer und ein paar Königreiche (54); das Reich Popo ist mühelos vom Schlossfenster aus zu kontrollieren. Das war einerseits die satirische Übersteigerung der Zersplitterung. Andererseits hatte sich im Kampf gegen die Fremdherrschaft eine patriotische Kraft und eine Vorstellung von deutscher Nationalität entwickelt, die sich nicht verdrängen ließ. Hinzu kamen die von Napoleon durchgesetzten bürgerlichen Rechte durch die Einführung des Code civil und ein sichtbarer Fortschritt in den Rheinbundstaaten. Auch hatte sich in der Bildung eine neuhumanistische und naturwissenschaftliche Thematik durchgesetzt und war an die Seite der klassischen Fächer getreten, wodurch sich

Wiener Kongress

8 Heinz Nahke (und Redaktion): *Georg Büchners ästhetische Anschauungen.* Hg. vom Ministerium für Kultur. Dresden: Verlag der Kunst, 1955 (Heft 1), S. 5

politische und soziale Interessen der Schüler entwickelten. Insofern wurde die **Julirevolution 1830** für Geister wie Georg Büchner die Fortsetzung des Kampfes um bürgerliche Rechte und Freiheiten und die Stimulanz ihres revolutionären Denkens und Handelns. Georg Büchner forderte Kampf und führte ihn, deshalb wurde er verfolgt. Seine Schriften galten als unsittlich und mit dem „Jungen Deutschland", zu dem er nicht unbedingt gerechnet werden wollte[9], geriet er in Verruf. Seine Ansichten waren radikaler als die des Jungen Deutschland. Er forderte die Fokussierung auf das unterdrückte Volk und die sozialen Gegensätze. Er reflektierte ausführlich in einem Brief an die Familie vom August 1835 Fieschis Attentat auf König Louis Bonaparte und sah Folgen, die das Verbot des Jungen Deutschland beschleunigten und den Schriftsteller Ernst Ortlepp, der ein Pamphlet *Fieschi* (1835) geschrieben hatte, unmittelbar trafen.[10]

Julirevolution

Verbot der Schriften des Jungen Deutschlands

9 „Übrigens gehöre ich für meine Person keineswegs zu dem so genannten Jungen Deutschland, der literarischen Partei Gutzkows und Heines." Brief an die Familie vom 1. Januar 1836. In: *Werke und Briefe*, S. 430

10 Bei einem gescheiterten Attentat auf den französischen König Louis Philipp, genannt der „Bürgerkönig", am 28. Juni 1835 wurden durch die Wirkung der „machine infernale" 18 Personen aus der Umgebung des Königs getötet. Am 14. Februar 1836 wurde der Attentäter Joseph Fieschi, der die Höllenmaschine aus 24 Gewehrläufen konstruiert hatte, in Paris verurteilt und am 19. Februar hingerichtet. Dazwischen hatte Ernst Ortlepp sein Pamphlet *Fieschi* geschrieben und veröffentlicht. Metternich hatte gewütet, dass dieses Werk durch die Zensur gegangen war. Zeitgleich mit dem Verbot von Ortlepps Pamphlet in Preußen wurden die Schriften des „Jungen Deutschland" verboten. Ortlepp musste 1836 Leipzig verlassen.
Die Schrift war eine wilde Anklage an einen Gott, der „tausend Millionen Wesen" umbrachte, an eine Welt, die durch Mord lebte, an ein Denken, das auf Vernichtung aus war. Fieschi konstatierte: „Es morden Menschen, Gott, Natur,/Und alles ist ein Mörder nur!" Dieses Aufbegehren ist ein Zornesschrei gegen eine unmenschlich eingerichtete Gesellschaft und die Verteidigung eines Aufbegehrens, das wohl ziellos war, das scheiterte, aber das wenigstens noch das Gefühl in einer verbreiteten Lethargie vermittelte, etwas gegen diese Gesellschaft getan zu haben. Fieschi bekennt in Ortlepps Poem: „Nur mir allein gehört die That!" Ernst Ortlepp: *Fieschi. Ein poetisches Nachtstück*. Hg. von Roland Rittig und Rüdiger Ziemann. edition STEKO. Halle: Verlag Janos Stekovics, 2001, S. 46

Am 10. Dezember 1835 verbot der Deutsche Bundestag die Schriften des Jungen Deutschland. Am 1. Dezember 1835 war das erste Heft der *Deutschen Revue* erschienen, die dem Jungen Deutschland Sicherheit bringen sollte. Die Heraus-geber Wienbarg und Gutzkow hatten sich der Schriftsteller versichert, die für diese Idee standen. Georg Büchner und sein Freund Wilhelm Schulz gehörten dazu.

Das **Geburtsjahr** Georg Büchners 1813 ist auch das Geburtsjahr Friedrich Hebbels, Otto Ludwigs, Richard Wagners, Giuseppe Verdis, Sören Kierkegaards[11] und des Dichters des Epos *Dreizehnlinden,* Friedrich Wilhelm Webers. Die Gegensätzlichkeit von gleichzeitigen Kunstauffassungen - Büchner als Radikaldemokrat und F. W. Weber als konservativer Denker - wird an dieser summierenden Reihe deutlich.

11 Mehrfach wurde Büchners Satire mit Kierkegaards Philosophie, „etwa gleichzeitig", verglichen (Dedner 2001, S. 140). Es bestehen aber gravierende zeitliche Unterschiede: Die ersten Werke Kierkegaards (ab 1843) erschienen nach Büchners Tod. K.s erste bekannte Aufzeichnung stammt von 1834 und war eine Tagebucheintragung.

1.3 Angaben und Erläuterungen zu wesentlichen Werken

Zu Büchners Lebzeiten sind seine Texte kaum bekannt geworden:

1834	*Der Hessische Landbote* (Flugschrift)	veröffentlicht Juli und November 1834
1835	*Dantons Tod*	veröffentlicht 26. März - 7. April 1835 in Auszügen
1835	Victor Hugo: *Lucretia Borgia/ Maria Tudor* (Übersetzungen)	1835
1835	*Lenz*	veröffentlicht Januar 1839
1836	***Leonce und Lena***	**teils veröffentlicht Mai 1838; 1850**
1836	*Woyzeck*	veröffentlicht 1878, einige Szenen 1875

Leonce und Lena ist ein **Lustspiel, das von der Parodie** lebt: Die feudale Welt wird in ihrer Lebensunfähigkeit und Missachtung der Arbeit karikiert. Nicht nur die Lebensführung der Hauptpersonen, sondern auch das romantische Lustspiel werden mit diesem Stück ad absurdum geführt. In dem Stück demonstriert Büchner „mit überlegenem Spott ... die fragwürdige Legitimität des Systems, das er schon im *Hessischen Landboten* attackiert hatte"[12]. Büchners Verhältnis zur Romantik war ebenso ambivalent wie es die Romantik selbst war. Sie war in Deutschland nicht nur rückwärtsgewandt, sondern richtete den Blick auch auf die Kräfte des Volkes. In Frankreich war die Romantik wesentlich an dem revolutionären Geist um 1830 beteiligt. Büchner orientierte sich daran, Victor Hugo und Alfred de Musset waren

Büchners Verhältnis zur Romantik war ebenso ambivalent

12 Hauschild, S. 108

ihm Beispiele. Was bei Hugo eindeutig ist, dürfte bei Musset komplizierter sein, aber seine Dichtungen zeigen wie die Büchners, dass die Generation Mussets sich über das Scheitern der revolutionären Bewegungen bewusst war und „daher eine lähmende Skepsis an den Tag legt, dass sie in Vergnügen, Rausch und Stutzertum Ablenkung sucht und durch blasierte Wichtigtuerei einem Pseudoideal huldigt, das den Zweck hat, die Bourgeoisie zu foppen."[13]

13 Werner Bahner: *Alfred de Mussets Werk*. Halle (S.): Verlag Sprache und Literatur, 1960, S. 14 f.

2. Textanalyse und -interpretation

2.1 Entstehung und Quellen

Leonce und Lena entstand für eine Preisaufgabe des Cotta-Verlages (datiert vom 1. Januar 1836), der in der *Augsburger Allgemeinen Zeitung* und im *Intelligenz-Blatt Nr. 3* zum *Morgenblatt für gebildete Stände* für das beste Lustspiel in Prosa oder Versen 300 Gulden ausgesetzt hatte. Diese beträchtliche Summe reizte Büchner, um sich aus seinen finanziellen Zwängen zu befreien. Ein Brief vom 1. Juni spricht davon, wenn der bargeldlose Büchner mitteilt, dass er in den nächsten sechs bis acht Wochen seine großen weißen Papierbogen „voll schmieren" müsse, um sich daraus „Rock und Hosen" zu schneiden.[14] Da die Einsendung anonym erfolgen sollte, bot sich für Büchner die Möglichkeit, den ihm verhassten Wolfgang Menzel, der Juror des Verlages war, mit seinem Stück zu provozieren und gleichzeitig seinen Hass gegen feudal-absolutistische Herrschaftssysteme mitzuteilen.

Literarische Preisaufgaben waren zu dieser Zeit verbreitet. Einen ähnlichen Ursprung hatte 1757 Lessings *Emilia Galotti* in einer Ausschreibung Nicolais für das beste deutsche Trauerspiel. Noch beziehungsvoller war ein anderes Projekt: Im November 1800 hatten Goethe und Schiller in der Zeitschrift *Propyläen* eine „Dramatische Preisaufgabe" ausgeschrieben, mit der sie nach einem Lustspiel suchten, da in Deutschland an guten Lustspielen großer Mangel sei. Dreißig Dukaten sollten der Preis sein, der nie vergeben wurde, da sich unter den dreizehn Einsendungen kein geeignetes Stück fand. In dem

Preisaufgabe

14 Brief an Eugen (Eugène) Boeckel vom 1. Juni 1836. In: *Werke und Briefe*, S. 437

Zusammenhang entstand Clemens Brentanos *Ponce de Leon* (1801–03), eine Vorlage Büchners.

Büchner hat die erste Fassung im Juni 1836 sehr schnell geschrieben, aber sein Manuskript erreichte den Verlag erst zwei Tage nach Abgabeschluss (vom 15. Mai verlängert auf den 1. Juli 1836) und wurde ungeöffnet zurückgeschickt. Danach bearbeitete Büchner den Text zur gleichen Zeit, in der er vom Juli bis zum Herbst 1836 am *Woyzeck* arbeitete. Aus dem im Wettbewerb geforderten ein- oder zweiaktigen wurde ein dreiaktiges Lustspiel. Die erste Fassung wurde 1851 bei einem Brand vernichtet. Es deutet viel darauf hin, dass der erste Akt weitgehend erhalten blieb und die Veränderungen den zweiten Akt betrafen, aus dem der 2. und 3. Akt wurden. Büchner berichtete Gutzkow von seinen Arbeiten im September 1836; dieser bat, ihm alle Texte zu schicken. Büchner dürfte von **„Ferkeldramen"** gesprochen haben, denn Gutzkow antwortete: „Von Ihren ‚Ferkeldramen' erwarte ich mehr als Ferkelhaftes."[15] Damit sind vermutlich *Leonce und Lena* sowie *Woyzeck* gemeint. Mit „Ferkelhaftem" könnte Büchner das Obszöne im *Woyzeck*, einmalig in der Literatur um 1836, und das erotisch Zweideutige sowie die sexuellen Bezüge in *Leonce und Lena* beschrieben haben. In einem Brief an den Bruder Wilhelm vom 2. September 1836 berichtete Büchner von seinen philosophischen Vorhaben und schloss den Hinweis an, der sich wahrscheinlich auf *Woyzeck* und *Leonce und Lena* bezog: „Dabei bin ich gerade daran, sich einige Menschen auf dem Papier totschlagen oder verheiraten zu lassen, und bitte den lieben Gott um einen einfältigen Buchhändler und ein groß Publikum mit so wenig Geschmack als möglich."[16] Georg Büchner gab die Überarbeitung von *Leonce und Lena* noch nicht aus der Hand, da er mit ihr noch unzufrieden war. Endgültig wurde das

Ferkeldramen

15 Gutzkow am 10. Juni 1836 an Büchner. In: *Werke und Briefe*, S. 566

16 Brief vom 2. September 1836 an Wilhelm Büchner. In: *Werke und Briefe*, S. 440 f.

Lustspiel in Zürich beendet. Kurz vor seinem Tode teilte Büchner seiner Braut mit, er werde „in längstens acht Tagen *Leonce und Lena* mit noch zwei anderen Dramen erscheinen lassen"[17]. Mit den anderen Dramen waren wahrscheinlich das Fragment *Woyzeck* und das verschollene Drama *Pietro Aretino* gemeint. 1838 erschienen Auszüge des Lustspiels in Gutzkows *Telegraph für Deutschland*. In den *Nachgelassenen Schriften* (1850) veröffentlichte der Bruder Ludwig Büchner das Stück vollständig.

Quellen

Als Quellen dienten Georg Büchner literarische Texte, Zeitereignisse und persönliche Erfahrungen, die er für seine **Satire auf die Aristokratie** nutzte. So teilte er der Familie am 15. März 1836 „eine sonderbare Geschichte" mit: Der Herzog von Braunschweig treibt mit der Frau des Theaterdirektors merkwürdige Spiele auf der Bühne; als der Theatermaschinist eines Abends den Vorhang zu früh aufzieht, ersticht der Herzog ihn.[18] Aus der Schweiz beschrieb Büchner deren republikanische Struktur als vorbildlichen Gegensatz zur deutschen Feudalstruktur:

> *„Die Straßen laufen hier nicht voll Soldaten, Akzessisten und faulen Staatsdienern, man riskiert nicht, von einer adligen Kutsche überfahren zu werden; dafür überall ein gesundes, kräftiges Volk und um wenig Geld eine einfache, gute, rein republikanische Regierung ..."*[19]

Die Jubelchöre zur Heirat Ludwigs von Hessen mit Mathilde von Bayern am 10. Januar 1834 könnten Pate gestanden haben[20] für die Karikatur in *Leonce und Lena*, als die Bauern zur Huldigung dressiert werden (3.2.). In dieser Szene findet

17 Brief an die Braut 1837. In: *Werke und Briefe*, S. 446
18 Brief vom 15. März 1836 an die Familie. In: *Werke und Briefe*, S. 432 f.
19 Brief vom 20. November 1836 an die Familie. In: *Werke und Briefe*, S. 443
20 Nach Thomas Michael Mayer: *Büchner-Chronik*, ebd., S. 371

sich auch ein Beleg dafür, wie Büchner seinen *Hessischen Landboten* umsetzte. Dass die Bauern bei Gelegenheit der Huldigung wenigstens einmal im „Leben einen Braten riechen" (66) werden, findet sich fast wörtlich wieder im *Landboten*: Die Bauernkinder können „das Tischtuch sehen, wovon die Herren speisen, und die Lampen riechen, aus denen man mit dem Fett der Bauern illuminiert"[21]. Provozierend dürften auch die Briefe auf Büchner gewirkt haben, die sein Freund Eugène Boeckel (1811–96) von einer mehrmonatigen Studienreise sandte. Boeckel fand, von einer Wein-, Hotel- und Kunstebene blickend, zunehmend „Gefallen an der bestehenden absolutistischen Ordnung"[22]. Büchner antwortete auf Boeckels Brief mit Schärfe: „Ich meine, ... die Tour durch unsere deutschen Staaten müsste einem ganz wütend machen."[23] Nicht zuletzt kann der Einfluss des Vaters auf die Berufswahl, dessen Widerspruch gegen Minna Jaeglé und die väterliche Aufsicht eine Rolle für das Stück gespielt haben, ohne dass diese Gründe überbewertet werden dürfen.[24]
Die literarischen Entsprechungen, die sich im Text finden, sind oft aufgelistet worden.[25] Das Stück ist auf zahlreiche Vorlagen zurückgeführt worden.
Einige Bezugstexte und -autoren sind
1. das romantische Lustspiel und romantische Literatur: Clemens Brentanos *Ponce de Leon* (1804), Ludwig Tiecks *Gestiefelter Kater* (1797), *Prinz Zerbino oder die Reise nach dem*

21 Büchner: *Der Hessische Landbote*. In: Werke und Briefe, S. 357
22 Loch, S. 303; vgl. Brief Boeckels an Büchner vom 15. Mai 1836. In: *Werke und Briefe*, S. 562 ff.
23 Brief an Eugène Boeckel vom 1. Juni 1836. In: *Werke und Briefe*, S. 438
24 Vgl. Seidel, S. 127: Das Stück behandle „die persönliche Unabhängigkeit und Entscheidungsfreiheit junger Erwachsener gegenüber den Ansprüchen der Vaterwelt".
25 Allein Büchners Alter und seine vielseitigen Beschäftigungen sind ein Argument, dass er kaum kennen konnte, was man ihm unterstellt. Eine Liste der literarischen Bezüge gibt Th. M. Mayer: *Büchner-Chronik*. In: Georg Büchner I/II, S. 412: Darauf finden sich Texte von Shakespeare, Brentano, Tieck, Musset, Jean Paul, Bonaventura, Platen und Gautier. Vgl. dazu auch: Walter Hinderer: *Büchner-Kommentar zum dichterischen Werk*. München 1977; Dedner 2001, S. 155 ff. und Henri Plard. In: Martens 1965, S. 289–304

guten Geschmack (1799) und *William Lovell* (1795/96), Alfred de Mussets *Fantasio* (1834) und andere. Auch die *Nachtwachen* (1804) des Bonaventura – einer „der wichtigsten Bezugstexte"[26] – gehören dazu. – **Tiecks *Zerbino*** nahm den an Empfindsamkeit erkrankten Prinzen aus Gozzis *L'amore delle tre melarance* (1761, *Die Liebe zu den drei Orangen*) auf. Sein Spott zielte aber nicht auf den Empfindsamen, vielmehr verkörpert der die wahre Poesie, die romantische Natur, die in vernehmbaren Worten spricht. Tieck, dessen Liebespaar in *Zerbino* Cleon und Lila heißt, wurde vom jungen Büchner fleißig gelesen. Der Dramatiker Peter Hacks, für den Büchner „von nichts ein Anfang ... nicht einmal der Anfang vom Ende"[27] ist, sah in *Leonce und Lena* Tiecks „Jugenddrama *Zerbino* in neuer Gestalt"[28]. Die Reihe der adaptierten und benutzten Texte ließe sich fortsetzen und bestätigt: „Das ‚literarische Zitat' ist das entscheidende ‚ästhetische Bauprinzip' von Büchners Lustspiel."[29] Es handelt sich dabei aber nicht nur um literarische Inhalte, sondern auch um politische und philosophische.

Brentanos Lustspiel *Ponce de Leon* (1803) trug zuerst den an Shakespeare erinnernden Titel *Lasst es euch gefallen*. Abweichend vom traditionellen Komödienschema bekommen sich die Liebenden Ponce de Leon, von Melancholie und Langeweile geplagt, und Valeria nicht, sondern nehmen andere Partner. Schließlich sind es vier Paare, die am Ende ihr Glück finden. Valerio, Valerias Vater, betreibt ihre Verbindung mit seinem Findelsohn Porporino, Ponce de Leon verliebt sich in ein Bild, ehe er Isidora nimmt. Intrigen, Maskierungen, falsche Identitäten füllen die Handlung, die ihre Ähnlichkeit mit

26 Wohlfahrt, S. 113
27 Hacks, S. 355
28 Hacks, S. 344
29 Hauschild 1997, S. 108. – Die These geht auf Walter Hinderer: *Büchner- Kommentar zum dichterischen Werk*. München 1977, S. 133, zurück und wurde seither vielfach mit Material unterlegt.

Shakespeares Rollentauschstücken, darunter *Wie es euch gefällt*, nicht verheimlicht. Büchners Lustspiel nimmt sich sehr viel einfacher und schlichter in der Handlung aus, verwendet aber Namen und Szenenelemente aus Brentanos Stück. Auch bei den Sprachwitzen hat er sich wohl von Brentano inspirieren lassen. – **Musset**s Fantasio im gleichnamigen Lustspiel[30] vertreibt den unbekannten Bräutigam der Prinzessin Elsbeth, der in seiner Dummheit eheuntauglich ist. Fantasio dagegen ist ein bürgerlicher Valerio, der in die Rolle des Narren schlüpft. Er sieht wie Leonce seine Chance in einem Figurentausch: „Könnte ich der Herr dort sein, der vorübergeht!"[31] Der Tausch gelingt; Fantasio tritt in die Rolle des verstorbenen Narren ein und wird von der Prinzessin in seinem Narrenkostüm akzeptiert. Bei Büchner kommt es statt des Tauschs („Oh, wer einmal jemand anders sein könnte!") zwischen Leonce und Valerio zur Partnerschaft (38). Mussets *Fantasio* erinnert an Shakespeares Komödien und Narren: „Wie aus Bilderbüchern herausgeschnitten, so erscheinen König, Prinzessin und ihr Hofstaat. Humoristisch ironisierend springt der Dichter mit ihnen um, sie leise und fröhlich karikierend."[32]

2. William Shakespeare: Büchner erklärte Shakespeare als einzigen Dichter der Geschichte und Natur ebenbürtig, während sonst „alle Dichter … wie Schulknaben dastehen"[33]. Den Freunden und Bekannten war Büchners Leidenschaft für Shakespeare bekannt. Zitate aus Shakespeares Lustspielen *Sommernachtstraum, Was ihr wollt, Viel*

Zitate aus Shakespeares Lustspielen

30 Vgl. Henri Plard: *Gedanken zu Leonce und Lena*. In: Martens 1965, S. 289 ff.: Über thematische und stimmungsmäßige Entsprechungen zwischen den Stücken Mussets und Büchners hinaus weist Plard „wörtliche Entlehnungen" aus (S. 290 ff.).

31 Alfred de Musset: *Fantasio*. In: Gesammelte Werke in fünf Bänden, Bd. 3, München 1925, S. 227

32 Walter Küchler: *Französische Romantik*. Heidelberg 1908, S. 87

33 Brief an Gutzkow vom 21. Februar 1835. In: *Werke und Briefe*, S. 412

Lärm um nichts und *Wie es euch gefällt* wurden von Büchner in die eigenen Werke eingebaut. Büchners Lustspiel hat vom Aufbau dieser Vorbilder profitiert. Valerio ist den Narren Shakespeares ähnlich, weist aber auch beträchtliche Unterschiede aus: Nirgends ist er wie Shakespeares Narren mit dem einfachen Volk verbunden, er ist Verbündeter der Macht und seine Opposition ist nicht auf die Veränderung der sinnlos gewordenen Ordnung gerichtet, sondern dient reizvollem Gesellschaftsspiel.
3. die Commedia dell'Arte: Die Typen des volkstümlichen Lustspiels, – einfältiger Mensch = Pantalone, uninteressierter Prinz, blumenhafte Braut und geistig reger Diener = Arlecchino, Pulcinello – weisen auf diese Tradition; die Typen sind maskiert. Die Verwicklung der geplanten Hochzeit entspricht Mustern dieser italienischen Stegreifkomödie, die während des Spiels immer neu nach einem Szenarium erfunden wird.
4. Frühzeitig las Büchner **Jean Paul**. In *Leonce und Lena* sind Parallelen zu Jean Pauls *Vorschule der Ästhetik* zu sehen. Das betrifft Kategorien wie Romantisches, Lächerliches, Witz und Komisches. Büchners Valerio entspricht der Bestimmung Jean Pauls, dass „die Wirklichkeit selber das Komische beherbergt und der Narr der Bühne zuweilen unverstümmelt auch im Leben erscheint, obwohl nie der tragische Held"[34]. So vermag Valerio mit dem sinnlosen Leben der Gesellschaft durchaus akzeptabel und befriedigend umzugehen. Büchners satirische Schärfe in *Leonce und Lena* entspricht Jean Pauls Auffassung, dass die Deutschen mehr Spaß und mehr Lustspiele hätten, wenn sie „mehr Staatsbürger (citoyens) als Spießbürger wären"[35].

34 Jean Paul: *Vorschule der Ästhetik*. In: Werke. Hg. von Rudolf Wustmann. Leipzig: Bibliografisches Institut, o. J., 4. Band, S. 151
35 ebd., S. 167

5. Goethes *Faust, Werther* und *Der Triumph der Empfindsamkeit* (1787): Goethes *Faust* ist im gesamten Stück Büchners präsent und ein Anlass der Parodie (vgl. S. 78). – Der Grundeinfall zum *Triumph der Empfindsamkeit* kam aus Gozzis Märchen *Die Liebe zu den drei Orangen* (1761): Ein Prinz verfällt der Hypochondrie und pathetischen Übersteigerungen, ehe er durch Heiterkeit geheilt wird. Goethe schrieb diese Satire auf die Empfindsamkeit auch zur eigenen Befreiung, hatte er die Stufe seines Romans *Die Leiden des jungen Werther* doch überwunden. Die Generation um 1820 dagegen sah im *Werther* immer noch die eigene Situation. – Büchner, der Goethes Werke kannte, könnte von Figurenkonstellationen, Handlung und Details des *Triumphs* inspiriert worden sein. Goethes Prinz Oronaro ähnelt Büchners Leonce, der Kavalier Merkulo Valerio, Mandantes Puppenebenbild Lena. Das Puppenebenbild ist vergleichbar Valerios Vorstellung von Leonce und Lena als Automaten. In beiden Texten wird Nero nicht als „böser Kaiser" beschrieben, was üblich wäre, sondern als „ein exzellenter Schauspieler" (Goethe)[36] und schauspielernde Leonce-Entsprechung (Büchner, 46). Leonce sieht sich in einer Tradition der Aristokratie, die bis zu den römischen Cesaren reicht. Sie verbindet grausame Macht mit Künstlerschaft, um Müßiggang zu genießen.

Goethes Prinz Oronaro ähnelt Büchners Leonce

Beide Stücke verweisen bei den zahlreichen literarischen Anleihen besonders auf eine Vorlage. Unter den empfindsamen Büchern, die als bedrohlich für Nachahmer empfunden wurden, ist in Goethes Roman *Die Leiden des jungen Werther*. Leonce beklagt sich, Valerio habe ihn in variierter Werther-Tracht (blaue Hose statt blauer Frack) „um den schönsten Selbstmord gebracht" (64). – Leonces Ideal ist eine Frau, „un-

36 Goethe: *Der Triumph der Empfindsamkeit*. In: Poetische Werke. Berliner Ausgabe, Bd. 5, Berlin und Weimar: Aufbau-Verlag, S. 356

endlich schön und unendlich geistlos" (55). Für ein solches „Ideal" (55) steht die Puppe in Goethes Stück: „eine ausgestopfte Nebenbuhlerin"[37], schön, aber leblos. Historisiert entspricht die Puppe einer Karikatur des klassischen Schönheitsideals.

6. E. T. A. Hoffmanns *Der Sandmann* aus den *Nachtstücken* (1817): Die von Hoffmann ausgehenden Anregungen betreffen die Automatenszene: Der Automat Olimpia strahlt Liebe und Sehnsucht aus, mit der er Nathanael so entflammt, dass dieser seine Geliebte Clara umbringen will. Diese Lieblingsgestalt Hoffmanns, der Automat oder die für einen Menschen gehaltene Puppe, war in der Literatur verbreitet: Sie fand sich in Gozzis Märchenspielen (*Fiabe*), in Goethes *Triumph der Empfindsamkeit* und in Jean Pauls *Auswahl aus des Teufels Papieren* (1789).

Den Namen Pipi gibt es in Hoffmanns *Fantasiestücke in Callots Manier* (1814): Eingefügt in die *Nachricht von einem gebildeten jungen Mann* ist das *Schreiben Milos, eines gebildeten Affen, an seine Freundin Pipi in Nord-Amerika*. Milo und Pipi sind Affen, die in Gefangenschaft gerieten und dort Menschenähnlichkeit anstrebten. Milo, inzwischen Komponist geworden, berichtet Pipi von seinen Erfolgen, Kultur und Bildung zu erreichen und die Natur zu verdrängen.

---

37 ebd., S. 379

2.2 Inhaltsangabe

Eine *Vorrede*, bestehend aus zwei Sätzen gegensätzlicher italienischer Dichter (oder auch gegensätzlicher Fragen an diese Dichter) und einem Shakespeare-Motto aus dem Lustspiel *Wie es euch gefällt* stehen am Anfang. Es gibt dafür mehrere Erklärungen (vgl. S. 44 ff.,36 f.). Büchner wollte sein Lustspiel in der Tradition einer sozial geprägten Commedia dell'Arte (Hunger soll bewusst bleiben) und Lustspielen Shakespeares sehen. Sind es aber Fragen an die beiden Dichter, und eine Vorrede besagt, dass ein anderer als die im Text Genannten spricht, dann zielt die Vorrede auf eine Mischung von ruhmloser Tragik und sozialer Komödie, die durch den Narren bewältigt wird. Die Handlung selbst ist schlicht und belanglos; sie macht nicht die Bedeutung des Stückes aus, sondern diese liegt in den ironischen Brechungen eines vielfältig genutzten zeitgenössischen Materials (Philosophie, Literatur).[38]

Lustspiel in der Tradition einer sozial geprägten Commedia dell' Arte

Erster Akt. Erste Szene. Der Prinz Leonce, Sohn des Königs Peter, lehnt seinen Hofmeister und seinen Beruf ab, da er mit sinnloser Beschäftigung (Spucken, Sandkörner zählen) seine Zeit vertreibt. Er reflektiert über den Müßiggang und sieht das Leben bestimmt von Langeweile („Sie studieren aus Langeweile, sie beten aus Langeweile ...", 38). Auch die Liebe folgt aus Langeweile. Menschliches Tun ist für ihn also sinnlos. Er selbst hat „null Bock" auf sinnvolle Tätigkeit. In dem Lebenskünstler Valerio trifft er auf einen Gleichgesinnten, der jedoch den sinnlichen

Leben bestimmt von Langeweile

38 Die Handlung wurde von Peter Hacks in einer „Fabel" parodiert: „Das Land hat einen Prinzen, der Prinz ist verrückt, und sein Papa, der König, sinnt auf Mittel für des Prinzen Genesung. Er stellt dem Prinzen ein Ziel, der Prinz macht sich, von einem Dienerclown begleitet, auf die Suche. Er reist eine Weile herum; anschließend erreicht er das Ziel und tritt, wie vorgesehen, das Erbe an. Seine erste Amtshandlung ist der Abbruch der Aufführung, und der Clown wird Minister." Hacks, S. 344

Genüssen gegenüber aufgeschlossener ist: Essen, Trinken und Sex. (In einem Paralipomenon [Ergänzung, Rest, Randbemerkung] zu dem Stück singt Valerio einen Vers aus dem *Lied von der Wirtin an der Lahn*. Die Strophe singt auch Andres in Büchners *Woyzeck*: „Frau Wirtin hat 'ne brave Magd,/Sie sitzt im Garten Tag und Nacht./Sie sitzt in ihrem Garten./Bis dass das Glöcklein zwölfe schlägt,/Und passt auf die Solda-a-ten."[39]) Während in der Natur und vor allem unter den Tieren Zweckmäßigkeit herrscht – ein Ameisenstaat mit „Ordnung, Fleiß" dient als Beispiel – ist die menschliche Gesellschaft eine, die ohne diese Werte auskommt. Geld wird nicht durch Arbeit erworben („... wer arbeitet, ist ein subtiler Selbstmörder", 39), sondern gefunden, gewonnen oder gestohlen. Müßiggang, Spiel und kriminelles Handeln sind menschliche Werte. Valerio weiß um die Fragwürdigkeit solchen Lebens und sieht den Narren, der ein solches Leben leben muss, es aber gleichzeitig kritisch bewerten kann, als geeignete Möglichkeit. Gleichzeitig mahnt er die Fortdauer solchen Lebens an, wenn er Leonce auf einen Erbprinzen anspricht („... ich bin um einen Erbprinzen verlegen", 40). Leonce nimmt ihn mit sich.

Erster Akt. Zweite Szene. König Peter wird angekleidet. Dabei wirft er philosophische Begriffe um sich, um einen intelligenten Eindruck zu machen, und schwadroniert über ein philosophisches System. Der Widerspruch zwischen Anspruch und Wirklichkeit zeigt sich darin, dass er sein Geschlechtsteil zur zentralen philosophischen Kategorie macht: „... meine Hose? – Halt, pfui! Der freie Wille steht da vorn ganz offen." (41) Ein Knopf im Taschentuch erinnert ihn an sein vergessenes Volk. Vor dem Staatsrat erklärt er, dass sich sein Sohn entweder verheiratet oder nicht. Das wird zur Karikatur;

Widerspruch zwischen Anspruch und Wirklichkeit

39 Paralipomena: *Leonce und Lena*. In: Werke und Briefe, S. 503

sie benutzt das Bewegungsgesetz bei Hofe: „den permanenten Stillstand ... Ihr Archetyp ist das höfische Zeremoniell."[40]

Erster Akt. Dritte Szene. Leonce inszeniert sich eine Tanz- und Liebesszene mit der Tänzerin Rosetta, seiner Mätresse. An Langeweile scheitert diese Liebe. Leonce genießt sie als eine sterbende Liebe und verabschiedet Rosetta. – In einem Monolog, bei dem Leonce Redner und Zuhörer ist, erkennt er Sinn- und Trostlosigkeit seines inhaltsleeren Lebens („Mein Leben gähnt mich an wie ein großer weißer Bogen Papier ...", 46). Leonce erkennt das als Strafe. Valerio, der dem Monolog unbemerkt zugehört hat, während er gestohlenen Wein und Braten genießt, sieht Leonce auf dem besten Wege zum Narren. – Der Staatsrat teilt Leonce mit, dass am nächsten Tag seine Braut Lena von Pipi ankommen werde. Am Tage der Vermählung soll Leonce zudem die Regierung übernehmen. Valerio spricht über Leonce' Zukunft, könne er doch als König „aus ordentlichen Menschen ordentliche Soldaten ausschneiden", „schwarze Fräcke und weiße Halsbinden zu Staatsdienern" machen, Menschen also zu Automaten wandeln (51). Als Leonce davor fliehen will, schlägt ihm Valerio verschiedene andere Tätigkeiten vor: Wissenschaftler, Helden, Genies, „nützliche Mitglieder der menschlichen Gesellschaft" (51). Leonce schlägt alles aus und will eher seine „Demission als Mensch geben" (51). Zuletzt fällt ihm ein, den Weg deutscher Künstler nach Italien zu gehen.

Sinn- und Trostlosigkeit seines inhaltsleeren Lebens

Erster Akt. Vierte Szene. Lena, im Brautschmuck, will nicht heiraten, wen sie nicht kennt und deshalb nicht lieben kann. In heidnischen (Opferlamm, Priester mit Messer) und biblischen (gekreuzigter Heiland, Dornenkrone u. a.) Bildern sieht sie Entsprechungen zu ihrem Schicksal. Ihre Gouvernante hat „so etwas im Kopf" (53), eine Rettung durch Flucht.

40 Poschmann, S. 200

auf der Flucht

Zweiter Akt. Erste Szene. Leonce und Valerio sind auf der Flucht. Innerhalb eines halben Tages sind sie durch ein Dutzend Fürstentümer, ein halbes Dutzend Großherzogtümer und ein paar Königreiche gelaufen. Beinahe werden sie bei einem weiteren Grenzübertritt verhaftet; nur die Dummheit und Angst der Polizisten, die an Holzapfel und Schlehenwein aus Shakespeares *Viel Lärm um nichts* erinnern, verhindert das. (Die Polizistenszene wurde aus den Paralipomena in den Stücktext übernommen.[41]) – Das Land beschreibt Valerio am Beispiel einer Zwiebel: Unter den Schalen bleibt nichts. – Während beide in einem Wirtshaus Zuflucht suchen, kommen Lena und ihre Gouvernante dorthin. Lena ist begeistert von der Welt, die anders ist als in ihren Büchern. Ihrer Beschreibung nach waren das weltfremd-romantisierende Romane.

Zweiter Akt. Zweite Szene. Valerio genießt das Leben. Man hat Kleidungsstücke verkauft, um Wein trinken zu können. Leonce will hinter die Geheimnisse von Welt und Zeit kommen. Valerio versucht mit einer trivialromantischen Szenerie (Perlen, Cymbeln, goldbeschuhte Elfen, Kelch der Weinblumen) abzulenken. Er will mit Wein überzeugen und erklärt schließlich beider Leben – wie die Wettsituation in Goethes *Faust* – als ein Kartenspiel in den Händen Gottes und des Teufels.

Valerio fühlt sich behaglich und vermisst nur „eine schöne Dame". Da kommen Lena und die Gouvernante (60). Nach wenigen Worten erkennt Leonce in Lenas Melancholie die verwandte Seele, ihre Reden ergänzen sich in Variationen um das Wort „müde". Leonce verliebt sich in sie.

Zweiter Akt. Dritte Szene. Lena denkt an den verlassenen Prinzen und ahnt, dass Menschen allein durch ihr Dasein unglücklich sind. Sie geht in den Garten, wo sie die Romantik der Nacht

41 Vgl. die Stellung der Szene bei *Werke und Briefe*, S. 504 ff.

sucht: „Ich brauche Tau und Nachtluft wie die Blumen" (62).

Zweiter Akt. Vierte Szene. Valerio sucht im Garten sein Bett. Leonce trifft auf Lena, die den Mond bewundert und für einen „toten Engel" hält (62). In einem schwermütigen Traumgespräch über Nacht, Tod und Leichen küsst Leonce sie als „Todesengel" (63) und hat damit seine sterbende Liebe. Aber Lena entzieht sich ihm. Leonce glaubt den erfüllten Augenblick seiner Todessehnsucht und -liebe zu erleben und will Selbstmord begehen. Valerio verhindert das und hilft pragmatisch: Wegen der Flöhe im Wirtshaus soll Leonce im Freien schlafen. Leonce trauert dem missglückten „schönsten Selbstmord" (64) nach. Valerio ist glücklich, hat er doch ein Menschenleben gerettet.

Leonce trifft auf Lena

Dritter Akt. Erste Szene. Leonce will das unbekannte Mädchen, von dem er glaubt, dass „sie mich liebt" (65), heiraten. Valerio wird das durchführen, wenn er dafür Minister sein darf. Leonce verspricht es ihm.

Dritter Akt. Zweite Szene. Die Bauern, Untertanen des Königs, sind zur Huldigung des Brautpaares angetreten. Landrat und Schulmeister drillen sie mit „Vivat"-Rufen. Die Bauern können vor Leiden, Schwäche und Hunger kaum stehen. Der Dank des Hofes für die Huldigung wird sein, dass die Bauern den Bratenduft der Küche riechen werden dürfen.

Bauern

Dritter Akt. Dritte Szene. Der Zeremonienmeister jammert über die unnützen Hochzeitsvorbereitungen, denn das Fest kann nicht stattfinden, weil das Brautpaar fehlt. – König Peter erfährt, dass Prinz und Prinzessin verschwunden sind. Da die Hochzeit aber von ihm festgelegt wurde und er auch beschlossen hatte sich zu freuen, will er sie, um sich nicht zu blamieren, feiern. Valerio, Leonce, Lena und die Gouvernante kommen maskiert auf das Schloss. Valerio stellt sich in wechselnden

Identitäten und Masken vor und entblättert sich wie eine Zwiebel. Dann stellt er die Maskierten, Leonce und Lena, als Automaten vor, die dem vollkommenen Bilde des Menschen entsprächen und keine Abweichungen oder Abnormitäten zeigen würden. Die beiden Automatenmenschen würden sich gerade ineinander verlieben, nur der amtliche Segen stehe noch aus. König Peter will die beiden in effigie, also statt des abwesenden Brautpaares bildlich für dieses, trauen. Mit Valerios Unterstützung vollzieht der Hofprediger die Trauung. Danach erfolgt die Demaskierung und nun erkennen Leonce und Lena, dass sie doppelt betrogen wurden: Sie glaubten vergeblich an ihre Willensfreiheit und eine Flucht. Aber auch König Peter und Valerio erkennen staunend, dass die Stellvertreter die ursprünglich vorgesehenen Partner sind, und der seelenlose Mechanismus sich gegen jeden Willen durchgesetzt hat. Peter übergibt die Regierung an Leonce. Der kündigt an, am kommenden Tag „in aller Ruhe und Gemütlichkeit den Spaß noch einmal von vorne" anfangen zu lassen (73). Nachdem Leonce den neuen Zustand als „Flucht in das Paradies" (72) annimmt und die Wiederholung des Hochzeitsfestes ansagt, bleibt seinem neuen Staatsminister Valerio nichts anderes übrig, als diese sinnlose Ordnung zu bestätigen und das auszuschalten, was den Menschen menschlich und zum Menschen macht: die Arbeit. Die menschliche Entwicklung, die mit der Vertreibung aus dem Paradies begonnen hat, wird durch die Rückkehr in das Paradies abgeschlossen.

doppelt betrogen

Rückkehr in das Paradies

Das **Happy End** ist so übertrieben, dass es nur ironisch angenommen werden kann. Prüft man es an den menschlichen Erfordernissen und Bedürfnissen wie sinnvoller Arbeit, Vervollkommnung menschlicher Beziehungen, sozialer Gerechtigkeit u. a., erweist es sich als trostloses Bekenntnis zu einem sinnlosen Leben, in dem das Volk weiterhin Objekt und Spielzeug des Herrschers König Leonce (die Taschen hat er „voll Puppen und Spielzeug? Was wollen wir damit anfangen?", 73) ist. Eine „Herrschaft des Glücks"[42] wird das nicht.

42 Dedner 2001, S. 128

2.3 Aufbau

Es handelt sich um ein **Lustspiel**, das scheinbar einfach gebaut ist. Aristotelisch-klassisch hat es drei Akte. Es gilt dennoch als kompliziert:

> *„Das Stück ist Büchners einziger Dreiakter, scheinbar ein einfacher Bauplan – ‚doch voll verquerer kompositorischer Einzelheiten'. Mit dem Auftritt der Prinzessin Lena ... müsste eigentlich der zweite Akt beginnen. Es ist aber die letzte Szene des ersten Aktes."*[43]

bittere Satire

Das Lustspiel vermittelt keine ungetrübte Heiterkeit und keine freundliche Lösung, sondern Büchner bietet bittere Satire. Dass er sich des Begriffs „Lustspiel" bedient, geht auf die Ausschreibung zurück, die danach verlangte. Sowohl im Personenensemble (Prinz, Prinzessin, König, Narr u. a.) als auch in der **märchenhaften Struktur** der Beziehung zweier Königskinder bediente Büchner sich des romantischen Lustspiels, um es durch den Einsatz satirischer Mittel zu zerstören und ihm Harmonie und glückliche Lösungen zu nehmen. Büchners Lustspiel wird zum Satyrspiel und zur Parodie des romantischen Lustspiels.

Ort der Handlung ist fiktiv

Der **Ort der Handlung** ist das Königreich Popo in einer stilisierten Märchenwelt; es ist fiktiv wie auch das Reich Pipi. Nirgends wird deutlich, dass es sich um ein bestimmtes deutsches Duodezfürstentum handelt. Das Stück ist keine Satire auf Hessen-Darmstadt, sondern eine Bloßstellung des Absolutismus und der Aristokratie. Aber bei der Kleinstaaterei und Zerrissenheit lässt sich mühelos an Deutschland denken.

---

43 Benjamin Henrichs: *Das Märchen ist ganz musikalisch.* Georg Büchners *Leonce und Lena* am Thalia Theater. In: *DIE ZEIT* vom 23. April 1982

Die **Zeit der Handlung** ist nicht angegeben, aber gegenwärtig. Zwar waren 1815 etliche der kleinsten Gebiete beseitigt worden und es hatte umfangreiche Gebietsveränderungen gegeben, dennoch war die Kleinstaaterei noch sehr hoch. – Die gespielte Zeit des Stücks erstreckt sich über einen Tag. (Leonce bekommt die Mitteilung, „auf morgen" (49) werde die Braut erwartet. Es beginnt die Flucht. Zur vorgesehenen Zeit der Trauung kommt man im Schloss an.)

Eine Modernität des Stückes liegt in der perfekt errichteten **Symmetrie** zwischen Szenen, Personen und Abläufen (vgl. Kreislauf) und in der **Mischung zweier Dramaturgien**. König Peter verkündet das Prinzip als Prinzip seines Herrschens: „Kommen Sie, meine Herren! Gehen Sie symmetrisch." (42)

Valerio wie ein Erzähler des epischen Theaters

Die aristotelische Anlage in der Dreiaktigkeit des Stückes wird perfekt eingehalten, aber durch Valerio organisiert, der wie ein **Erzähler des epischen Theaters** in die Handlung eingreift. Narrenrollen werden in der Dramatik oft für eine Erzählerfunktion genutzt wie der von Mephistopheles gespielte Narr in Goethes *Faust II*. Valerio stellt die Situationen grundsätzlich auf den Kopf: Zwar ist er der Narr, aber die närrische Dummheit liegt bei den Aristokraten. Nachdem Valerio beim Versuch scheitert, Leonce zu seiner Rolle zu überreden (51), entwickelt er selbst die Intrige, die Prinz und Prinzessin vereint. Indem er sie aber gleichzeitig als Automaten vorführt, wird er auch zu einem Kommentator des Geschehens wie im epischen Theater.

Das romantische Lustspiel gerät bei Büchner zur Satire und wird so aufgehoben. Die **zwei Fragen der Vorrede** geben unterschiedliche Wirkungsweisen der Literatur wider: Alfieri wollte mit seinen strengen Tragödien das Volk frei und edel erziehen, seine Stücke sollten seine Landsleute aus ihrem politischen Schlummer wecken. Während der Französischen Revolution ging er trotz seines Adels nach Paris. Aber wo blieb sein Ruhm (fama)? Während Goethe Alfieris *Saul* in Karl Ludwig von Knebels Übersetzung 1811 in Weimar aufgeführt hatte, standen ihm die Romantiker kühl gegenüber. Gozzi hatte den sinnentleerten Ruhm der Aristokratie zum heiteren Spiel gemacht. Goethe sah darin eine ihm nicht genehme Leichtigkeit und eine wenig sinnvolle Manier.[44] Wo blieb bei Heiterkeit und Leichtigkeit bei Gozzi der Hunger (fame)? Von der Vorrede her hat der Leser/Zuschauer die Möglichkeit, die konträren Positionen als sich bedingend zu erkennen.

Der dramaturgische Aufbau des Lustspiels

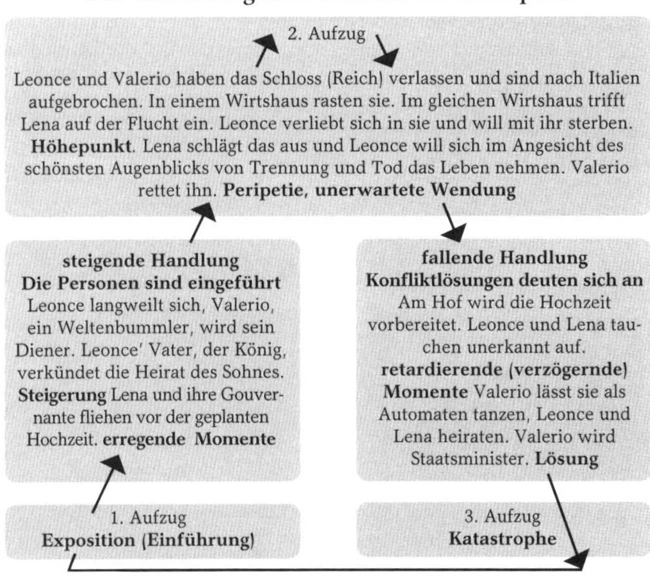

44 Goethe an Schiller am 12. August 1797: „Auf dem Theater ... wäre in dem gegenwärtigen Augenblick manches zu tun, aber man müsste es leicht nehmen und in der Gozzi'schen Manier traktieren, doch es ist in keinem Sinne der Mühe wert." Der Briefwechsel zwischen Schiller und Goethe. Leipzig: Insel Verlag, 1964, 1. Band, S. 374

Während die Dramaturgie des Stückes einer Entwicklung folgt, hat die Handlung keine und **bewegt sich im Kreis** (Sinnbild des Leerlaufs). Mit der letzten Szene, Valerios Schilderung eines mit dem Schlaraffenland kombinierten Paradieses, wird die erste Szene, Leonces Monolog über Müßiggang und melancholisches Träumen, wieder erreicht. Wird in der ersten Szene von Leonce eine Nichtarbeit als Arbeit beschrieben, so erklärt Valerio in der letzten Szene Arbeit als strafbar und wirbt für die Ruhe in jenem Schatten, in dem Leonce am Beginn lag. Valerios beabsichtigtes Dekret am Schluss, wer arbeite, mache sich „kriminalistisch strafbar" (74), wurde bereits in der Anfangsszene von Leonce formuliert: „... wer arbeitet, ist ein Schuft" (39). Es hat sich im Verlauf der Handlung nichts verändert.

Sinnbild des Leerlaufs

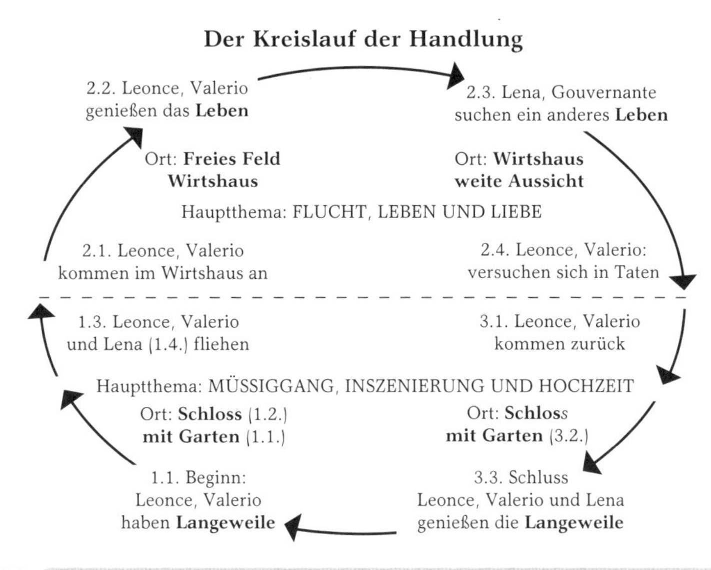

In dem Kreis wird deutlich, dass die **Szene 3.2.** (Bauern und Huldigungsprobe) aus der strukturellen Ordnung fällt und nirgends untergebracht werden kann. Das weist auf ihre **Besonderheit** hin, als einzige den **sozialen Widerspruch**, auf dessen Grundlage sich die Handlung bewegt, der aber nur in dieser Szene und in der Vorrede angesprochen wird, auszustellen. „In ihrem Inhalt, ihrer Typologie, ihrer Stimmungslage und ihrem Ausdruckswert steht sie im Kontrast zu allen übrigen Szenen."[45] Die Bauern in Brentanos *Ponce de Leon*, deutlich Vorbild für Büchner, sind nicht sozial profiliert, sondern ausgesprochene Komödientypen.

45 Poschmann, S. 192

2.4 Personenkonstellation und Charakteristiken

Leonce

ist Kronprinz von Popo und hat außerhalb seiner aristokratischen Welt normale Gefühle und Erkenntnisse. Die Vernunft und Gefühlsintensität werden zum Gegensatz der vorhandenen Ordnung in den Reichen Popo und Pipi. Er versucht aus der Welt Popo zu entfliehen und wählt den Weg der Romantiker, vor allem der Nazarener (um 1810 nach Italien auswandernde romantisch orientierte Künstler), deren Bildwelt er beschreibt: der große Pan, die ehernen Gestalten träumen im Schatten über den tiefrauschenden Wellen, der tiefblaue, glühende Äther usw. (52).

Romantik

Lena

hat nur einen bescheidenen Anteil am szenischen Geschehen. Im 3. Akt spricht sie ganze sechs Worte. Allerdings sind ihre Reden frei von Formeln und Kalauern, ihre Sprache „ist ursprünglicher und spontaner Reflex, geboren aus der inneren Situation der Figur."[46] Sie wird bereits bei ihrem Auftritt mit literarischen Anspielungen umgeben: Der für sie vorgesehene Mann erinnert die Gouvernante an Friedrich Schillers Don Carlos, Lena sieht sich in einer Rolle ähnlich Goethes Iphigenie (53). Sie vertritt die Klassik, aber ihre Erziehung geschah unter romantischen Vorzeichen: „Duft", „Glanz", „Blumen" (53) und abgeschlossen hinter der „Mauer unsres Gartens" (58) sind Kennzeichen des Vegetativen und Träumerischen.

Klassik

46 Wohlfahrt, S. 138

König Peter

Bereits der erste Auftritt König Peters ist eine satirische Demonstration: Er wird angekleidet. Anfangs nackt, entdeckt er einen Knopf im Taschentuch, weiß aber nicht, woran ihn dieser erinnern soll. An dieser geistigen Qualität ändert sich während des Ankleidens nichts, aber er wird zur „feierlichen" Person (43). Es ist eine Szene, die Brecht im *Leben des Galilei* variiert hat, als mit zunehmender Feierlichkeit des anzukleidenden Papstes dessen Toleranz und Intelligenz preisgegeben werden. Peter erscheint niemals außerhalb seines Schlosses; eine Beziehung zur Außenwelt gibt es nicht. Unter seinem Volk versteht er den Staatsrat.[47]

Dieser König ist ein letztes Überbleibsel einer gescheiterten Aufklärung und eines aufgeklärten Fürsten. Sein Versuch, die Welt durch das Denken, also die Vernunft zu regieren, ist zur Karikatur verkommen; der aufklärerische Anspruch ist gescheitert.

Überbleibsel einer gescheiterten Aufklärung

Valerio

ist Landstreicher, Hofnarr und Begleiter von Leonce. Dramaturgisch hält er die Fäden des Spiels in der Hand: Er setzt die Handlung in Gang, löst die Konflikte und stellt eine ironische Lösung vor. Er ist deutlich von Shakespeare bezogen: Das betrifft einmal die Gestalt selbst als auch ihre Funktion, die an den Thersites aus *Troilus und Cressida* erinnert. – Er vermittelt die abschließende Heirat und ironisiert dabei die vorhandene Welt mit ihrem philosophischen Abbild, das von Langeweile beherrscht wird.

47 Vgl. Wohlfahrt, S. 111

Variation des Mephistopheles

Sein Weitblick lässt ihn die Ereignisse lenken. Er mutet auch wie eine Variation des Mephistopheles aus Goethes *Faust* an. In einem Brief an Gutzkow schrieb Büchner, wenn man sich einbilden könne, „die Löcher in unsern Hosen seien Palastfenster, so könnte man schon wie ein König leben"[48]. Valerio läuft mit solchen Hosen herum und wird mit ihnen von Leonce als Partner angenommen (40). Es ist das Kostüm des Narren. Der Narr ist am Ende der Einzige, der es zu etwas gebracht hat. Er ist Minister geworden. Da er damit in den Kreislauf eingebunden wurde, ist das nicht viel, wie man zuvor aus dem Stück erfahren hat.

Rosetta

ist eine Mätresse und die einzige Person, die in Zeit und Raum lebt, Gefühle und Ansätze einer Biografie hat. Leonce und Rosetta reflektieren über Zeit und Liebe: „... wir können uns Zeit nehmen, uns zu lieben. – Oder die Zeit kann uns das Lieben nehmen. – Oder das Lieben uns die Zeit."(44)
Im Kreislauf der Langeweile hat sie keinen Platz. Indem sie Leonce als „Narr" bezeichnet, zerstört sie die höfische Hierarchie und verlässt den Hof.

48 Brief an Karl Gutzkow von 1835. In: *Werke und Briefe*, S. 429

2.5 Sachliche und sprachliche Erläuterungen

Lustspiel (S. 35): Es ist eine Grundform der Dramatik. Seit Lessing beschäftigten sich die Dramatiker und Literaturtheoretiker mit der Schwierigkeit, dass deutsche Lustspiele zumeist provinziell erschienen. Den romantischen Lustspielen begegneten die Romantiker selbst zurückhaltend, denn „auf hundert Komödienzetteln wird der Name romantisch an rohe und verfehlte Erzeugnisse verschwendet und entweiht"[49].

Vorrede (S. 35): Sie wird als Vorwort und als persönliche Erklärung des realen oder fiktiven Herausgebers vor einen literarischen Text gestellt. Jean Paul verwendete Vorreden, zum Beispiel in seiner *Vorschule der Ästhetik* (1804), auch Arthur Schopenhauer in *Die Welt als Wille und Vorstellung* (1819); sie finden sich bevorzugt in romantischen Texten. Insofern kann die „Vorrede" auch als Rede eines Dritten betrachtet werden.

49 August Wilhelm von Schlegel: *Vorlesungen über dramatische Kunst und Literatur*. Kritische Ausgabe von G. V. Amoretti. Bonn und Leipzig: Kurt Schroeder Verlag, 1923, Band 2, S. 308

Alfieri (S. 35): Vittorio A. (1749–1803). Der viel gereiste Dramatiker lehnte die aufgeklärte Fürstenerziehung der Aufklärung ab, die Büchner für gescheitert hielt, und bekannte sich zur konstitutionellen Monarchie englischen Formats. Seine Werke gestalteten Widerspruch und Zusammenhang von individueller Freiheit, Absolutismus und Unterdrückung. In seiner *Merope* (1783) beschrieb er zum Beispiel den erwünschten Herrscher als gut, rechtsbewusst und menschlich. Die Romantiker begegneten dem tragischen Dichter zurückhaltend. Er folgte aristotelischen und vom französischen Klassizismus entwickelten Prinzipien und nahm ähnliche Themen wie die deutschen Klassiker auf (*Orest*, *Maria Stuart* u. a.).

E la fama? (S. 35): Und der Ruhm (der gute Ruf)? Fiktives Zitat oder eine an Alfieri gestellte Frage: Die Klassiker Goethe und Schiller schätzten den bedeutenden Dramatiker, die Romantiker hielten Distanz. Wo war am Ende der Kunstperiode trotz der aufklärerisch gedachten Gerechtigkeitsvorstellungen für ihn der Ruhm?

Gozzi (S. 35): Carlo Graf Gozzi (1720–1806). Er bekämpfte das moderne Lustspiel Goldonis, das sowohl volkstümlicher als auch sozialer orientiert war, und bemühte sich, die traditionelle Stegreifkomödie (Commedia dell'Arte) besonders durch die Aufnahme von Märchenelementen wiederzubeleben. Dabei wollten seine Komödien (darunter die von Schiller 1802 übersetzte Tragikomödie *Turandot*) im Gegensatz zum realen Leben stehen. Die Märchen, in denen sich aristokratische Protagonisten geradezu schwerelos durch ihre fern aller Realität angesiedelte Wirklichkeit bewegen, waren Ausdruck einer ungebundenen Fantasie. Jean Paul hob Gozzis Maskenspiele mit ihrer „warmen italienischen Zaubernacht"[50] von anderen Dramatikern ab.

Der Gegensatz von Alfieri und Gozzi war in der Romantik verbreitet und wurde vor allem von August Wilhelm Schlegel in seinen *Vorlesungen über dramatische Kunst und Literatur* vorgenommen.[51] Gozzi, von Tieck und den Schlegels mit

50 Jean Paul, ebd., S. 146

51 August Wilhelm von Schlegel: *Vorlesungen über dramatische Kunst und Literatur*, ebd., Band 1, S. 201 ff., 207

Shakespeare verglichen, war danach „noch mehr fantastisch als romantisch" und „sehr volksmäßig", „derb und handfest".[52]

E la fame? (S. 35): Und der Hunger? Möglicherweise sollte darin eher eine Frage an Gozzi als eine Frage von ihm gesehen werden. In seinen Werken war er deutlich hinter Goldonis soziale Fragestellungen zurückgegangen. Dennoch wurde er von den Romantikern nachdrücklich gelobt, was den mit der Romantik abrechnenden Büchner zu dieser Frage veranlasst haben könnte.

Personen (S. 36): Die Personennamen erinnern an deutsche Märchen (Peter) und an Lustspiele Brentanos und Tiecks (Valerio). Die Kennzeichnungen aus der Kindersprache sind satirisch und für die damaligen Verhältnisse vulgär (Popo, Pipi). Andererseits sind Bezeichnungen wie „Hofmeister" zeittypisch: Es waren Privatlehrer, die oft unter widrigsten Bedingungen arbeiten mussten und ein herausragender Gegenstand der Literatur waren (bei Lenz, Hölderlin u. a.).

52 ebd., S. 207

Pipi (S. 36): Der Name Pipi kommt in E. T. A. Hoffmanns *Fantasiestücke in Callots Manier* (1814) vor. Eingefügt in die *Nachricht von einem gebildeten jungen Mann* ist dort das *Schreiben Milos, eines gebildeten Affen, an seine Freundin Pipi in Nord-Amerika*. Goethe schrieb in seinem Gedicht *Der neue Amdis* (1774) von einem Prinzen Pipi („... ich ward ein warmer Held,/Wie der Prinz Pipi") und bezog den Namen wahrscheinlich aus französischen Feenmärchen des 18. Jahrhunderts.

auf den Kopf sehen (S. 37): Zu den zentralen Metaphern Büchners gehört die Vorstellung, sich von oben zu betrachten oder auf dem Kopf zu stehen. Es entsteht die ungewöhnliche und im Leben nicht mögliche Sicht auf den Menschen. Büchners Lenz war es „unangenehm, dass er nicht auf dem Kopf gehn konnte".[53]

Melancholie (S. 38): eigentlich: griech. Schwarzgalligkeit; Schwermut, Trübsinn. Eines der vier Temperamente (zu starken und nur langsam wechselnden Erregungen neigend, das Leid

53 Georg Büchner: *Lenz*. In: Werke und Briefe, S. 89. – Das Motiv findet sich auch in Goethes *Faust I*: In dem zeitgenössisch angelegten *Walpurgisnachtstraum* ist es das Kennzeichen jener Opportunisten der Französischen Revolution von 1789, die ihre Gesinnung schnell wechselten. „Auf den Füßen geht's nicht mehr,/Drum gehn wir auf den Köpfen." (V. 4369 f.)

gegenüber der Freude bevorzugend), das zugeordnete Gestirn war der Saturn, Paulus der melancholische Apostel. Aristoteles glaubte, dass die M. zu genialen Leistungen und zu vollständiger Tatenlosigkeit führen könne. Das Mittelalter bevorzugte sie, weil sie die fromme Kontemplation begünstige (Dürer *Melancholie*, 1514). Bildhafte Attribute waren: Flügel, Buch, Instrumente des Astronomen, Musikinstrumente, abgestorbene Bäume, Todessymbole. In der Ästhetik gilt die M. oft als der Gegensatz des Heroischen. Den Romantikern wurde sie eine Lebensform.[54]

Parenthese (S. 38): in den Satz eingeschalteter Redeteil. Da er oft in Klammern gestellt wird, meint Leonce hier die O-Beine des Hofmeisters, die die Form der Klammer haben. Möglicherweise von Musset übernommen („... vos jambes sont deux charmantes parenthèses"[55]).

Langeweile (S. 38): Sie wird als Synonym für Müßiggang und aristokratische Lebensführung betrachtet. In einem Brief an Gutzkow erklärt Büchner die Langeweile für die entschei-

54 Vgl. dazu auch: Dedner 2001, S. 155 und dort angebotene Literatur (Anm. 75)
55 Henri Plard. In: *Martens* 1965, S. 293

dende Eigenschaft der „abgelebten modernen Gesellschaft", deren Leben nur daraus bestehe, „sich die entsetzlichste Langeweile zu vertreiben"[56]. Nur ihren Tod könne diese Gesellschaft noch als Neues erleben. Dass nur ein nicht langweiliges Leben ein sinnvolles Leben sei, war eine von Büchners Grundansichten, mehrfach in Briefen vorgetragen (so an Boeckel vom 1. Juni 1836). Auch Schopenhauer hatte die Langeweile als Sinnbild gemeinschaftlich erlebter Stumpfheit und Kartenspiele als deren Ausdruck beschrieben: „Weil sie nämlich keine Gedanken auszutauschen haben, tauschen sie Karten aus ..."[57].

der armen Puppe (S. 38): Die Puppe gehört zum gleichen Wortfeld wie Marionette, Maske, Automat u. a. Sie alle sind Ausdruck für eine Determination des Menschen, die er nicht verstehen kann und die ihn abhängig von einem unerkannten Schicksal macht. Das Wortfeld wird in allen Werken Büchners bedient – besonders auffällig in *Dantons Tod* („Puppen sind wir ..."[58]) – und

56 Brief an Gutzkow von 1836. In: *Werke und Briefe*, S. 435
57 Ralph Wiener: *Der lachende Schopenhauer*. Leipzig: Militzke, 1996, S. 113
58 Vgl. *Werke und Briefe*, S. 47

auch in Briefen verwendet: „Der Einzelne nur Schaum auf der Welle, die Größe ein bloßer Zufall, die Herrschaft des Genies ein Puppenspiel, ein lächerliches Ringen gegen ein ehernes Gesetz, es zu erkennen das Höchste, es zu beherrschen unmöglich."[59]

Alexander der Große (S. 40): 356–323 v. d. Z., makedonischer König (336–323 v. d. Z.) mit dem größten Weltreich in der Alten Welt, großer Feldherr.

Kantharide (S. 40): Die spanische Fliege, aus der ein giftiger Wirkstoff entwickelt wurde, der hautreizend, blasenziehend und harntreibend wirkte. Wird heute nicht mehr als Arzneimittel verwendet. – Der Marquise de Sade nutzte es bevorzugt als Stimulanz vor sexuellen Orgien. Valerio verwendet den Begriff mit Blick auf einen notwendigen Erbprinzen, um das Leben im Müßiggang weiterführen zu können.

Die Substanz ist das An-Sich, das bin ich (S. 41): Diese hier sinnlose Formel geht auf eine zentrale These der zeitgenössischen Philosophiediskussion zurück. Sie stimmt fast wörtlich mit dem Satz aus dem System des an Fichte geschulten K. Chr. Fr.

59 Brief an die Braut vom November 1833 (Fatalismusbrief). In: *Werke und Briefe*, S. 395

Krause überein: „Alles, was ist, ist diese Substanz und in dieser Substanz."[60]

Attribute, Modifikationen, Affektionen, Akzidenzien (S. 41): Begriffe aus der Philosophie (u. a. Spinoza), die der König sinnentleert verwendet. Sie bedeuten: wesentliches Merkmal oder Eigenschaft, Veränderung und Abwandlung, Erregung und Zuneigung, Zufälliges und Wechselndes (auch: Nebeneinnahmen).

der freie Wille (S. 41): Grundproblem der Philosophie: Wie frei ist der Wille? Der Philosoph Fichte setzte die Freiheit des Willens über die Notwendigkeit. Ein Begriff der zeitgenössischen Philosophie (Schopenhauer: *Die Welt als Wille und Vorstellung*, 1819) wird hier ironisch verwendet. Büchner gab einem freien Willen keine Chance. In der Szene 1.3. wird König Peter als „höchster Wille" bezeichnet (49).

Ich bin ich (S. 42): Auf seine Fragen, wer er denn sei, antwortet König Peter mit dieser Formel. Sie stammt aus Johann Gottlieb Fichtes *Die Bestimmung des Menschen* (1800): „Ich bin

---

60 Brief Krauses an seinen Vater vom 4. 11. 1813. In: Siegfried Wollgast: *Karl Christian Friedrich Krause (1781–1832) – ein deutscher Philosoph mit Weltgeltung*. In: Sitzungsberichte der Leibniz-Sozietät. Berlin: trafo verlag, Jg. 2001, Bd. 46, Heft 3, S. 72

schlechthin, weil Ich Ich bin" und „... so bin ich, und so bin ich unveränderlich".[61]

ambrosische Nacht (S. 43): göttliche, köstliche, duftende Nacht

Oleander (S. 43): Giftiger Baum oder Strauch mit ledrigen Blättern, der herzwirksame Arzneistoffe enthält.

O dolce far niente (S. 44): „O süßes Nichtstun", wahrscheinlich auf Plinius d. J. zurückgehend, der Muße und Nichtstun pries.

Hiatus (S. 44): eigentlich. Missklang. Es stoßen zwei Vokale zusammen, die den Wohlklang stören wie in „Hi-atus" selbst.

Epikureismus (S. 45): Lehre des griechischen Philosophen Epikur vom Glückseligkeitsstreben, auch für: genießerische Lebensauffassung, Lebensgenuss.

Bouteille (S. 46): franz.: Flasche

Nankinghosen (S. 46): gelbes leichtes Baumwollgewebe für Futter und Sommerkleidung nach der chin. Stadt Nanking.

Caligula (S. 46): Spitzname des römischen Kaisers Julius Caesar Germanicus (12–41 n. d. Z.), lat.: Stiefelchen; regierte mit großer Grausamkeit. Nicht darauf spielt Leonce an, sondern auf Caligulas Aufwand für das Theater.

Nero (S. 46): (37–68) römischer Kaiser Claudius Drusus Germanicus Caesar; er

61 Johann Gottlieb Fichte: *Die Bestimmung des Menschen*. Stuttgart: Reclam, 1993, S. 88 und 192

	herrschte aufwendig und grausam (Brand Roms, Christenverfolgung u. a.). Auch hier spielt Leonce auf die schauspielerischen Fähigkeiten Neros an, der sich selbst als großer Künstler sah und entsprechend feiern ließ.
Adonis (S. 47):	schöner Jüngling, nach der griech. Sage von Adonis, dem Geliebten der Aphrodite, der von einem Eber getötet wurde, aber immer wieder zum Leben erwachen durfte.
während des P... (S. 49):	Das nicht ausgeschriebene Wort „Pinkeln" zeigt Büchner als Mediziner, es korrespondiert mit dem wenige Zeilen später genannten Adelstitel „Lena von Pipi" und ironisiert die Braut.
Schlagfluss (S. 49):	Schlaganfall
Kapaun (S. 49):	auch: Kapphahn, kastrierter und meist gemästeter Hahn
die Passion (S. 50):	die Leidenschaft, Vorliebe
„kommen" (S. 50):	Valerio entwickelt eine Ableitungsreihe zum Wort „kommen" und setzt diesen Ableitungen einen Gegensatz hinzu. Darin wird seine Denkmethode erkennbar. Aus dem Fakt entwickelt er ein Wortfeld und erweitert es durch mögliche Gegensätze. Jede Tatsache wird so durch ihren Gegensatz ergänzt.

Shandy, alter Shandy, wer mir deine Uhr schenkte (S. 50): Anspielung auf den Roman *The Life and Opinions of Tristram Shandy* (dt. 1769) von Laurence Sterne (1713–1768). Als Tristram Shandy gezeugt wurde, hatte der Vater vergessen, die Uhr aufzuziehen. Sonst zog der Vater, „unstreitig einer der regelmäßigsten Menschen", am Abend des ersten Sonntags im Monat die Uhr auf und pflegte anschließend des Geschlechtsverkehrs mit seiner Frau, um sich „alles miteinander auf einmal vom Halse zu schaffen"[62]. Die Mutter brachte dadurch die Uhr immer mit „gewissen anderen Dingen" in Verbindung.

treiben (S. 51): eines der Lieblingsworte Leonces, er verwendet es auch in 2.2. (59). Es kennzeichnet die Ziel- und Inhaltslosigkeit der Handlungen Leonces, bei denen es nur auf Bewegung, nicht auf eine sinnvolle Logik ankommt. In den Wendungen „Was treibt er denn?" und „sich treiben lassen" ist diese Bedeutung bis heute präsent.

---

62 Lawrence Sterne: *Tristram Shandy.* Aus dem Englischen von F. A. Gelbcke. Leipzig: Bibliografisches Institut, o. J., S. 17 (1. Buch, 4. Kapitel)

a priori (S. 51):	phil. Begriff, verwendet vor allem von I. Kant; Erkenntnis von der Erfahrung unabhängig, aus der Vernunft gewonnen; von vornherein, grundsätzlich
a posteriori (S. 51):	phil. Begriff, verwendet vor allem von I. Kant; Erkenntnis aus Erfahrung und Wahrnehmung gewonnen; nachträglich, später
es war einmal (S. 51):	Beginn zahlreicher Märchen und Hinweis darauf, dass die Märchen ursprünglich erzählend weitergegeben wurden. Märchen waren modern und hatten in der Romantik große Bedeutung erreicht (z..B. die Märchensammlungen der Brüder Grimm). Büchner nahm Märchen (bzw. Anti-Märchen) in seine Texte auf (*Woyzeck*) und schrieb mit *Leonce und Lena* ebenfalls ein märchenähnliches Stück.
Heroismus (S. 51):	Halbgott; Heldentum; von heros = Held. Der Begriff wird von Leonce und Valerio ironisch verwendet.
Alexanders- und Napoleonsromantik (S. 51):	gemeint ist eine von Valerio und Leonce abgelehnte Schwärmerei für den makedonischen König Alexander den Großen

	(356–323 v. d. Z.) und den französischen Kaiser Napoleon I. Bonaparte (1769–1821).
Demission (S. 51):	Rücktritt einreichen, um Entlassung bitten
Pan (S. 52):	Feld-, Wald-, Fruchtbarkeits- und Hirtengott in der griechischen Mythologie. Die mittägliche Stille der Natur, in südlichen Gegenden oft lähmend, erklärten die alten Griechen mit der Mittagsruhe Pans. Wenn ein Gewitter die Stille zerstörte und die Menschen „panisch" (von: Pan) erschreckte, führte man das auf Pans Stimme zurück.
Zaubrer Virgil (S. 52):	Publius Vergilius Maro (70–19 v. d. Z.), römischer Dichter, u. a. *Äneis*, wurde in Volksbüchern als Zauberer oder Magier genannt.
Tarantella (S. 52):	süditalienischer Volkstanz
Tamburin (S. 52):	mit Fell oder Haut bespannte Handtrommel mit Schellen
Lazzaroni (S. 52):	ital: Lumpen, Bettler; verächtliche Bezeichnung der untersten sozialen Schicht in Neapel, auch Hilfstruppen der Bourbonen gegen die Parthenopäische Republik. Büchner hat wahrscheinlich Goethes sehr einprägsame und wohlwollende Beschreibung im Kopf, die am Lazzarone wahr-

nahm, „dass alle in ihrer Art nicht arbeiten, um bloß zu **leben**, sondern um zu **genießen**, und dass sie sogar bei der Arbeit des Lebens froh werden wollen."[63]

Wir gehen nach Italien! (S. 52): Neben den vielen parodistischen Anspielungen des Lustspiels auf Goethes *Faust*, *Iphigenie auf Tauris* und anderes kann Beschreibung und Aufforderung als Parodie auf Goethes Flucht nach Italien gelesen werden.

Rosmarin (S. 52): Rosmarin im Brautstrauß ist ein Treuesymbol, im Grabstrauß ein Zeichen des Gedenkens.

Don Carlos (S. 53): (1545–68) Hier wird auf Friedrich Schillers Trauerspiel *Don Carlos* (1787) angespielt, in dem der älteste Sohn König Philipps II. von Spanien zum edlen, ideal denkenden und freiheitsliebenden Mann stilisiert wurde. Tatsächlich ist seine Gestalt in der Geschichtsschreibung umstritten und keineswegs so edel.

wahres Opferlamm (S. 53): „Opferlamm" ist eine Übersetzung aus Mussets *Fantasio* („un vrai agneau pascal"). Der Vergleich mit dem Tieropfer und der Hinweis auf den Priester mit

63 Goethe: *Italienische Reise*. In: Goethe: Poetische Werke. Berliner Ausgabe. Bd. 14, Berlin: Aufbau-Verlag, 1961, S. 518 (Neapel, 28. Mai 1787)

Messer erinnert an Agamemnons Opfer der Iphigenie in Aulis. In Goethes *Iphigenie auf Tauris* (1787) ist das Tieropfer Anlass, dass Iphigenie, die in Aulis von der Göttin Artemis gerettet wird, Priesterin bei den Taurern wird.

Adelbert von Chamisso (S. 54): Das dem 2. Akt vorangestellte Motto ist ein variiertes Zitat des Beginns vom 2. Teil aus Chamissos Gedicht *Die Blinde* (1832). Es geht um das Verhältnis von Innen- und Außenwelt: Die Flucht in die Natur, das Wirthaus und die Liebe haben Inhalte gebracht, die man als „Eigentum" in der Brust bewahren kann. Chamisso (1781–1838) war zu dieser Zeit populär und beliebt.

Spiegelzimmer (S. 54): Das Bild des Spiegels wird mehrfach verwendet (vgl. S. 53: Die Quelle muss Bilder „abspiegeln"; S. 70: Valerio will nicht gespiegelt sein, nicht einmal in „Ihren Augen", um seine Identität zu wahren; S. 74: Leonce will sein Land mit „Brennspiegeln" umstellen u. a.) Die Spiegel sind in der Romantik ein Bild (Metapher), um sich aus Raum und Zeit zu befreien oder auch der Furcht vor einem

Doppelgängerdasein (Identitätsverlust) zu begegnen. (Vgl. E. T. A. Hoffmann: *Die Geschichte vom verlorenen Spiegelbilde*, 1815). Dieser Angst verfällt auch Leonce.

Schatten meines Schattens (S. 54): Von ähnlicher Bedeutung wie der Spiegel. Der Schatten diente als Metapher für den Doppelgänger und die Darstellung des Unbewussten. Ein verlorener Schatten bedeutete ein verlorenes Menschsein: Peter Schlemihl sieht seinen eigenen Grabstein (vgl. Adelbert von Chamissos Erzählung *Peter Schlemihls wundersame Geschichte*, 1814: Dort finden sich auch Szenen, in denen Schlemihl seinen Schatten zu gewinnen und zu entführen versucht, aber scheitert). Der Verlust des Schattens und des Spiegelbildes zerstört den Menschen.

Arsenik (S. 55): starkes Gift; in geringen Dosen als Mittel gegen Bleichsucht und Rachitis verwendet.

Ideal eines Frauenzimmers (S. 55): Das Ideal soll nach Leonce „unendlich schön und unendlich geistlos" sein; das entspricht der Puppe bei Goethe (vgl. S. 26 f.). Es mutet wie der Gegensatz zu Schopenhauer an: Nach diesem entsteht echte Aristokratie „durch Vermählung der edelmütigsten Männer mit den klügsten und geistreichsten Weibern".[64]

geistlos (S. 55): nicht unbedingt mit „dumm" zu erklären, sondern im 19. Jahrhundert auch in der Bedeutung „ohne Geist", also „leblos".

inquirieren, Delinquent, Inquisit (S. 55): untersuchen, verhören; Übeltäter, Verbrecher; Verdächtiger, Angeklagter

Signalement, Zertifikat, visieren (S. 55): Personenbeschreibung, Bescheinigung oder Beglaubigung, nach etwas sehen oder mit einem Visum versehen.

Zwiebel (S. 57): Die Zwiebel ist eine Allegorie oder ein Symbol für die Lüge und wird mit diesem Inhalt in der Literatur verwendet. Neben der hier beschriebenen Stelle wurde Henrik Ibsens *Peer Gynt* (1867) berühmt: Peer verfolgt sein Leben am Beispiel einer Zwiebel und kommt zum Ergebnis: „Er stinkt von Lügen ... Bloß Häute, – nur immer kleiner und kleiner."[65] Auch in der Psychoanalyse ist die Zwiebel ein

64 Ralph Wiener: *Der lachende Schopenhauer.* Leipzig: Militzke, 1996, S. 186

65 Henrik Ibsen: *Peer Gynt.* In: Sämtliche Werke, Bd. 4, Berlin: S. Fischer Verlag, o. J., S. 364 f.

Bild dafür, was der Mensch nicht sein will.[66]

Leichdörner (S. 57): Mitteldeutsch für Hühneraugen

Eremit (S. 58): Einsiedler, Klausner

Flucht der heiligen Ottilia (S. 58): Auch: Odilia (gest. 720), blind geborene Tochter des elsässischen Herzogs Athich (Eticho); bei der Taufe bekam sie das Augenlicht und wurde Äbtissin im Frauenkloster Schloss Hohenburg (Odilienberg), in das sie aus der Welt floh. Schutzheilige des Elsass, auch als Heilige bei Augenleiden angerufen.

die greisen freundlichen Gesichter, sich bei den Händen halten usw. (S. 58 f.): Die beschriebene Szenerie erinnert, wie viele Episoden und Textabschnitte, an Goethes *Faust*. Es kann an Philemon und Baucis (*Faust II*) gedacht werden, die durch die modernen Kräfte vernichtet werden.

Ergo bibamus! (S. 59): Lat.: Also lasst uns trinken!, auch Titel eines Trinkgedichts von Goethe (1811).

---

66 "Eine Zwiebel sein, das will kein Mensch. Und wir sind es doch. Alles ist Schale, aber in jeder Schale ist Würze, jede ist unserm Wesen gemäß. Wir sind bestimmt zu diesem Sein, das Selbst ist das Zwiebelsein, die Ambivalenz." (1927). Vgl. Georg Groddeck: *Psychoanalytische Schriften zur Literatur und Kunst*, Wiesbaden: Limes, 1964, o. Seitenangabe. Für Groddeck ist der Mensch eine Zwiebel. Er habe keinen Kern, sondern sei ein schaliges Wesen, das in jedem der Blätter aber das Wesen ganz repräsentiere.

Libanon (S. 60): „weißes Gebirge", höchster Teil einer Gebirgskette im vorderen Orient. Am Fuße des Dschebel Timarun ging die Straße von Tripolis nach Damaskus, wo im 19. Jahrhundert noch Reste der großartigen Zedernwälder standen und ein Turm die höchste Erhebung kennzeichnete.

Picken der Totenuhr (S. 60): Die in Brettern und Möbeln lebende Totenuhr (Name eines Bohrkäfers) verursacht beim Aufklopfen mit dem Kopf ein tickendes Geräusch, das als Prophezeiung eines Todesfalls gilt. Valerio erwähnt sie nochmals (62).

Sollte nicht dies und ein Wald von Federbüschen ... (S. 61): Die als Zitat ausgewiesene Stelle stammt aus Shakespeares *Hamlet* und gehört zum Umfeld des von Hamlet angeregten Schauspiels vor seiner Mutter. (Vgl. William Shakespeare: *Sämtliche Werke*. Hg. von Anselm Schlösser. Berlin und Weimar: Aufbau, 1964, Bd. 4, S. 328). Bezieht man die Vorlage ein, wird deutlich, dass Leonce ein neues Rollenverständnis annimmt: Er spielt nun die Rolle des Künstlers und „zitiert" deshalb aus *Hamlet*

	und die ihn zu der neuen Rolle angeregten Worte Lenas.
Vizinalwege (S. 61):	angrenzende Wege, Gemeindewege
Nachtviolen (S. 62):	Hesperis, eine violett blühende, stark duftende Pflanze
eine schöne Sache um die Natur (S. 62):	Valerios Klage, es wäre noch schöner, wenn es keine Schnaken gäbe, erinnert an Goethes *Der Triumph der Empfindsamkeit*, wo der Diener Merkulo des dortigen Prinzen die gleichen Gedanken hat und erklärt: „Der Prinz hat durch seine Akademien Preise ausgesetzt, um zu erfahren, ob diesen Beschwerden, zum Besten der zärtlichen Welt, nicht abgeholfen werden könnte".[67]
balsamisch (S. 62):	lindernd, wohlriechend
Serenissime! (S. 63):	Form der Anrufung (Vokativ) eines Fürsten, einer Durchlaucht (Serenissimus), etwa: O hoher Herr, o durchlauchtigster Herr.
keinen so vorzüglichen Augenblick (S. 64):	Parodistische Aufnahme des Wunsches von Goethes Faust (*Faust I*) nach dem „erfüllten Augenblick" (V. 1699 ff.: „Werd ich zum Augenblicke sagen:/Verweile doch! Du bist so schön!")

67 Goethe: *Der Triumph der Empfindsamkeit*. In: Poetische Werke. Berliner Ausgabe, Bd. 5, Berlin und Weimar: Aufbau-Verlag, S. 352

den schönsten Selbstmord (S. 64):	Um die erfüllte Langeweile dauerhaft werden zu lassen, würde auch ein Selbstmord angenommen. Der Selbstmord Leonces wird aber zur Belanglosigkeit, als Valerio ihn an Werther erinnert, der sich in unlösbarem Konflikt, ausgelöst von einer Adelsgesellschaft, das Leben nahm.
mit seiner gelben Weste und seinen himmelblauen Hosen (S. 64):	Variation der Werther-Tracht. Goethes Titelgestalt aus dem Briefroman *Die Leiden des jungen Werther* (1774) ist einer der bekanntesten Selbstmörder der deutschen Literatur. Er trug gelbe Weste und blauen Frack.
philobestialisch (S. 65):	tierlieb
Courage (S. 66):	Mut, Beherztheit, Schneid
Dreimaster (S. 66):	Dreispitz, Hutform; bevorzugt wurden die Filzhüte der Seeoffiziere so genannt.
Vivat (S. 66):	Hochruf: Er, sie, es lebe hoch!
Löcher in unseren Jacken und Hosen (S. 66):	Die einzige Textstelle, in der eine soziale Situation und eine soziale Schicht beschrieben werden: Nicht nur die Bauern, sondern auch der ebenso arme Schulmeister haben zerlöcherte Kleidung.

Man kann von dieser Stelle ausgehend die Ausführungen des Schulmeisters als Satire lesen. Auch Valerio gehört zu dieser sozialen Schicht, denn als Leonce ihn kennen lernt, fallen ihm die „Löcher in deinen Hosen" (40) auf.

Kokarden (S. 66): in Frankreich Bezeichnung für die Bandrosette (Schleife in Form einer Rose) an Hüten; Erkennungszeichen politischer Parteien und Nationalkennzeichen, besonders berühmt war die blauweißrote Kokarde des Revolutionsheeres nach der Französischen Revolution von 1789. Fand nach 1813 auch in Deutschland Verwendung.

Vatermörder (S. 67): umgangsspr. für: ein Hemdkragen mit hohen steifen Spitzen

zwölf Unschuldige (S. 67): Neben der Zehn ist die Zwölf eine besondere Zahl; heidnische Götter wurden oft in der Zwölfzahl angegeben. Hier sind es zwölf Ehren-Jungfrauen, wobei das Gewicht auf „Jungfrau" liegt.

das horizontale Verhalten (S. 67): Umschreibung für den Geschlechtsakt; Huren betreiben das „horizontale Gewerbe". Dauert das

Warten an, werden die Ehren-Jungfrauen bald keine Jungfrauen mehr sein.

Gradierbäue (S. 67): Holzgerüste mit Reisigbündeln (Gradierwerke), über die salzhaltige Sole rieselt und auf denen das Salz kristallisierte.

die Dardanellen und das Marmormeer (S. 67): türkische Meerenge zwischen zwei Hochufern (auf einem davon liegt Troja) zwischen Ägäis und Marmarameer; ironische Beschreibung des Blicks in das Dekolletee der Frauen („offen bis zum Herzen"), wo man zwischen den Brüsten hindurch bis zum Geschlecht sehen kann.

kompromittieren (S. 68): bloßstellen, blamieren, sich oder jemanden schaden

königliches Wort ist ein Ding ..., das nichts ist (S. 69): Ein *Hamlet*-Zitat wird benutzt (4. Akt, 2. Szene), in dem der König selbst ein Nichts ist. Die Veränderung Büchners aktualisiert das Zitat, das meint, dass die Könige ihre Versprechungen in den Befreiungskriegen 1813 nicht gehalten haben.

auseinander schälen und blättern (S. 70): Valerio nimmt das Bild von der Zwiebel wieder auf, das er im

Gespräch mit Valerio schon einmal auf das Land angewendet hatte (vgl. Anmerkung zu: **Zwiebel (S. 60 f.)**. Sie ist der zentrale Begriff von Valerios Weltsicht: Es gibt nirgends einen Kern, sondern nur verschiedenartige Schalen.

Konfusion, Desperation (S. 70): Verwirrung, Unordnung; Verzweiflung

Automaten (S. 70): Sie sind neben der Marionette ein typisch romantisches Requisit, um die verhängnisvolle Bestimmung des Menschen durch sein Schicksal zu beschreiben. Die bekannteste Automatengestalt schuf E. T. A. Hoffmann mit der aufziehbaren Puppe Olimpia. Bei Büchner sind sie sozial gekennzeichnet und werden zum Ausdruck einer entfremdeten Gesellschaft, in der der Mensch nicht mehr weiß, wer er denn ist, und wo für den Menschen „die geschichtliche Welt ein sinnloses Puppenspiel"[68] wird. Als Leonce die Herrschaft übernimmt, beschreibt er Untertanen und Reich als „Puppen und Spielzeug" (73). Der sinnlose Leerlauf wiederholt sich. (s. S. 49 f.)

68 Vgl. Arnold Heidsieck: *Das Groteske und das Absurde im modernen Drama.* Stuttgart, Berlin, Köln, Mainz: W. Kohlhammer Verlag, 1969, S. 117 (Sprache und Literatur 53)

kein Wort für den Begriff Beinkleider (S. 71): Es gehörte sich in vornehmen Kreisen nicht, über Hosen zu sprechen, da man damit gedanklich in die Nähe des Geschlechts kam. Deshalb nannte man sie ironisch auch die „Unaussprechlichen", ein Begriff, den Thomas Mann geprägt haben soll.

hinter einem Frauenzimmer eine Treppe hinauf- oder vor ihm hinuntergehen (S. 71): Ein gut erzogener Mann durfte diese Möglichkeiten nicht nutzen, denn es hätte ihm den Blick unter die Röcke der Frau ermöglicht. Das galt als unerzogen.

alle neuen Opern (S. 71): Der Hinweis erinnert an E. T. A. Hoffmanns Affen Milo, der sich als Komponist sieht und davon spricht, seine „neue Oper" vollenden zu müssen, ein äffisches Werk ohne Wert und Sinn.

Glaube, Liebe, Hoffnung (S. 71): Die Begriffsfolge aus dem 1. Korinther 13, 13, ein bekannter Spruch- und Predigttext, wird ironisch auf das Automatenpaar angewendet, der Predigtcharakter wird durch das anschließende „Amen" belegt. Die Wortfolge korrespondiert mit Fichtes *Bestim-*

mung des Menschen, die in die Kapitel „Zweifel, Wissen, Glaube" gegliedert ist und zu einer Antwort auf die Frage Valerios führt, „wenn ich eigentlich selbst recht wüsste, wer ich wäre" (70) (vgl. dazu Anmerkung zu **Ich bin ich [S. 51 f.]**)

akkordieren (S. 71): sich über etwas einigen, vereinbaren.

in effigie (S. 71): Lat.: im Bildnis; nach einem alten Brauch konnte ein Urteil auch in Abwesenheit des Verurteilten bildlich vollzogen werden.

vermaledeiten Gesichter (S. 71): verwünschte, verfluchte Gesichter; Valerio bezieht es auf die Gestik des Hofpredigers „gen Himmel" (71).

infusorisch (S. 73): Mikroskopisch klein (nach Infusorien = einzellige Aufgusstierchen); gemünzt auf die deutsche Kleinstaaterei.

Ischia und Capri (S. 74): italienische Inseln vor Neapel; Sinnbild höchster Schönheit

hinaufdestillieren (S. 74): Flüssigkeiten verdampfen und sich neu niederschlagen zu lassen, Herstellung von Alkohol; gemeint ist hier: eine Verdichtung zu immer größerer Schönheit.

Dekret (S. 74): Verordnung, behördliche Entscheidung

Kuratel (S. 74): Vormundschaft, Pflegschaft, Aufsicht

klassische Leiber (S. 74): Anspielung auf die zahlreichen Parodien klassischer Figuren (Don Carlos, Faust u. a.), klassischer Prinzipien (ästhetische Erziehung, Willensfreiheit) und klassischer Individualitäten, die mit der Rückkehr zum Beginn und in den Kreislauf unmöglich werden.

eine commode Religion (S. 74): eine bequeme, gemächliche Religion. Die Formulierung stand nicht immer in den Textpublikationen. Gutzkow druckte 1838 „eine, wo möglich, bequeme Religion", Ludwig Büchner 1850 „eine kommende Religion". Dem folgten alle Herausgeber bis 1940.

2.6 Stil und Sprache

Die Personen sprechen bevorzugt monologisch. Aber der **Monolog** dient nicht, wie sonst im Drama, der Selbstverständigung der Figur und der Information des Zuschauers, sondern ist Ausdruck des gestörten Dialogs. Man kann und will sich nicht mehr unterhalten und hört deshalb dem eigenen Monolog zu: Leonce sagt zu sich „Komm, Leonce, halte mir einen Monolog, ich will zuhören." (46) Nur in Ausnahmefällen organisiert sich ein richtiger **Dialog.** Er kommt zustande, wenn einfache natürliche Menschen am Gespräch beteiligt sind (Rosetta) oder wenn Langeweile und Sinnlosigkeit durch Leidenschaft (Liebe) verdrängt werden (Begegnung zwischen Leonce und Lena (2. Akt: 2. und 4. Szene). Ein Satz wird sogar mehrfach in diesem Dialog wiederholt: „... ist denn der Weg so lang", 60 f.

Ausdruck des gestörten Dialogs

Der Monolog ist Ausdruck der Vereinsamung der Personen. Die meisten Dialoge sind nur äußerlich Wechselreden. Die Sprache ist kein Mittel, die Figuren miteinander ins Gespräch zu bringen, sondern um sie zu trennen.

Groteske Sprach- und Stilmittel treten auf; Sprachspiele finden ständig statt, besonders intensiv von Valerio gepflegt: So bildet er durch Präfixe eine Wortreihe von „kommen": Einkommen, Aufkommen, Unterkommen, Auskommen, Ankommen, Fortkommen (50). Die Wörter werden durch Antonyme (Gegensätze) ergänzt: Einkommen – stehlen; Unterkommen – Grab u. a.

Sprachspiele

Zwischen den Figuren herrscht eine **gestörte Kommunikation.** Deshalb kommt es

1. zu zahlreichen Missverständnissen,

Missverständnisse

die auf die sprachlichen Fähigkeiten der Figuren weisen („Erziehung" – „Erzeugung" – „Empfängnis" – „Empfänglichkeit", 47; „Eindruck" – „Nachdruck", 47; „Geleite" – „Geläute", 50 u. a.). Leonce reflektiert diesen Vorgang, wenn er Valerio als „ein schlechtes Wortspiel" bezeichnet (50), Valerio nennt den Prinzen daraufhin „ein Buch ohne Buchstaben, mit nichts als Gedankenstrichen".

Frage-Antwort-Rituale

2. zu sinnlosen Frage-Antwort-Ritualen, die sich auf nichts beziehen (Dialog zwischen Valerio und Leonce: „Ja!", „Richtig!", „Haben Sie mich begriffen?", „Vollkommen.", 38 f.). Sie sind Ausdruck zunehmenden Verstummens mit der Konsequenz, dass sich die Menschen besser verstehen, wenn sie sich nichts mehr sagen.

sprachliche Versatzstücke

3. zu sprachlichen Versatzstücken, die in sinnlosen Redeakten variiert und umgestellt werden: Der 1. und der 2. Kammerdiener wiederholen Fragen des Königs als Antwort und variieren ihre Antworten durch Umstellung der Satzteile (41). Zur Karikatur getrieben wird das in der Szene 2.1. im Verhalten der beiden Polizisten (56). Vor allem die Beamten werden so gekennzeichnet: der Präsident des Staatsrates (49), Kammerdiener, Polizisten. Der Staatsrat kann nur in Echoform sprechen, indem er die Platituden des Königs wiederholt. Beamte haben kein eigenes Sprachvermögen mehr.

Nicht Zusammengehörendes wird sprachlich gereiht und dadurch ironisiert wie in den Fragen des Königs Peter: „Wo ist die Moral: wo sind die Manschetten?" (41) „Moral" und „Manschetten" alliterieren (haben den gleichen Anlaut, Stabreim). Durch die lautliche Nähe wird der inhaltliche Abstand noch deutlicher: Die beiden Wörter haben nichts miteinander zu tun.

Leerformeln

4. zu Wiederholungen von Leerformeln; sie treten an die Stelle von Inhalten: „kund und zu wissen tun“ (42). Sie werden häufiger, je höher die Figur in der aristokratischen Hierarchie steht, und sind bei König Peter am häufigsten. Bedeutungsvoll werden sie bei Valerio, der sie mit anderem Inhalt sinnvoll verwendet. Vom „Lebenlauf“ ausgehend spielt er mit der Polysemie (Mehrdeutigkeit) von „Lauf“: das Laufen, im Lauf des Krieges, ein Lauf (eines Gewehrs) (56). Die Mehrdeutigkeit von Wörtern wird konsequent ausgenutzt: „Ich werde Sie lassen, sobald Sie gelassen sind und das Wasser zu lassen versprechen“, (63) sagt Valerio, nachdem er Leonce vorm Selbstmord im Wasser gerettet hat und entwertet zusätzlich zu der Mehrdeutigkeit den Selbstmordversuch durch die Zweideutigkeit des „Wasserlassens“. Modelle dafür finden sich in Brentanos *Ponce de Leon*, dessen **Sprachwitz** Heine in der *Romantischen Schule* (1836) gelobt hatte.[70] Oft sind die Sprachwitze in Büchners *Leonce und Lena* nichts anderes als Kalauer („... vielleicht ist es so, vielleicht ist es aber auch nicht so“, 42, „Geleite“ - „Geläute“, 50), auch wenn sie anspruchsvolle Witze sein wollen: Der Widerspruch ist gewollt; die Intelligenz dieser Aristokratie reicht nicht zu den Witzen Shakespeare'scher Qualität.

Ausgeprägt finden sich in dem Lustspiel Parodien oder **parodistische Verwendungen bedeutender zeitgenössischer Begriffe**, besonders aus Philosophie und Kunst. Dazu benutzte Büchner sprachliches Material Kants, Schellings, Hegels, möglicherweise auch Schopenhauers[71]

70 „Man glaubt einen Maskenball von Worten und Gedanken zu sehen. Das tummelt sich alles in süßester Verwirrung, und nur der gemeinsame Wahnsinn bringt eine gewisse Einheit hervor. Wie Harlekine rennen die verrücktesten Wortspiele durch das ganze Stück und schlagen überall hin mit ihrer glatten Pritsche.“ Heinrich Heine: *Die Romantische Schule*. In: Werke. Leipzig: Bibliografisches Institut, o. J., 5. Bd., S. 308 f.

71 Vgl. dazu auch Dedner 2001, S. 140

sowie literarische Texte Goethes, Schillers, Tiecks, Brentanos und vieler mehr. Ein Höhepunkt solcher Parodie ist die 2. Szene des 1. Aktes (41). Das beginnt mit dem vom vertrottelten König Peter gesprochenen Satz „Der Mensch muss denken", der Descartes' „Ich denke also bin ich. (Cogito, ergo sum.)" parodiert, fügt eine Reihe philosophischer Begriffe an, die sinnentleert sind, und gelangt bis zum „freien Willen", der bei König Peter das männliche Glied ist. Eine Entsprechung dazu bietet der Doktor in Büchners *Woyzeck*, der den Blasenschließmuskel dem freien Willen unterworfen sieht.

2.7 Interpretationsansätze

In einer populären Literaturgeschichte für Schulen heißt es: „In Zürich schrieb Büchner das romantische, fantasievolle Lustspiel *Leonce und Lena* (1836), das so vielstimmig ist in seiner Leichtigkeit, die Trauer und Poesie, Heiterkeit, Ironie und melancholische Langeweile enthält."[72] Während sich über die einzelnen Bestimmungen kritisch sprechen lässt, wurde das wichtigste Thema des Lustspiels nicht genannt: **der Fatalismus**.

Fatalismus

Nicht die Langeweile ist das entscheidende Thema des Stückes, sondern der „grässliche Fatalismus der Geschichte"[73], dem sich der Mensch nicht entziehen kann. Der Hochzeit zwischen Leonce und Lena, die auf königlichen Beschluss geschehen soll, entziehen sich die beiden Protagonisten Leonce und Lena, um die königliche Vorherbestimmung mit ihrem freien Willen zu verhindern. Was dadurch geschieht, ist die Hochzeit, der sich beide entziehen wollten. Es setzt sich durch, was sie verhindern wollten. Die Langeweile ist die Reaktion auf diesen Fatalismus.

Ein weiteres Thema des Lustspiels ist die **Philosophie**. Büchner zitiert und parodiert zeitgenössische philosophische Ansichten, da seiner Meinung nach keine von ihnen geeignet ist, diesem Fatalismus aktiv zu begegnen: „Der Einzelne nur Schaum auf der Welle, die Größe ein bloßer Zufall, die Herrschaft des Genies ein Puppenspiel, ein lächerliches Ringen gegen ein ehernes Gesetz, es zu erkennen das Höchste, es zu beherrschen unmöglich."[74] Das Stück wurde durch diese philosophische

Philosophie

72 Helmuth Nürnberger: *Geschichte der deutschen Literatur.* München: Bayerischer Schulbuch-Verlag, 1992, 24. Auflage, S. 202

73 „Fatalismusbrief". In: *Werke und Briefe*, S. 395. Zur Datierung vgl. Anm. 7

74 ebd.

Ebene ein komplizierter Text. Deshalb werden einige Hinweise zu seinem Verständnis gegeben.
Büchner war philosophisch interessiert. Der Sechzehnjährige schrieb Teile seiner Rede *Heldentod der vierhundert Pforzheimer* aus Fichtes *Reden an die deutsche Nation* ab, vertrat aber mit der Verteidigung der Französischen Revolution eine Gegenposition zu Fichte.[75] Der siebzehnjährige Georg Büchner befürwortete in einer Rezension den **Selbstmord**. Seine Argumentation ähnelt dabei der Schopenhauers in seinem Werk *Die Welt als Wille und Vorstellung* (§ 69): Der Selbstmord sei kein Verbrechen, nur moralische Gründe sprächen gegen ihn. Beide stimmten darin überein, dass es dem Menschen, „welchem sein irdischer Zustand unerträglich geworden ist", möglich sein muss, einen Zustand zu wählen, „von dem er noch hoffen darf und der auf keinen Fall schlechter sein kann als der verlassne"[76]. 1833 beschäftigte sich Büchner intensiv mit Philosophie, deren Kunstsprache er ablehnte und für die er „menschliche Ausdrücke" forderte.[77] Er sah sich bei der Demaskierung der philosophischen Systeme zwar als Narr – nur diesem sei eine solche Beschäftigung möglich – gab aber damit dem Narren einen hohen Stellenwert in seinem Denken. Die **Maske des Narren** war für Georg Büchner die Waffe des Geistes gegen „Verächter, Spötter und Hochmütige"[78]. 1835 verstärkte Büchner sein Studium der Philosophie. 1836 bereitete er sich auf Vorlesungen „über die philosophischen Systeme der Deutschen"[79] in Zürich vor. Die Arbeit an *Leonce und Lena*

Studium der Philosophie

75 Thomas Michael Mayer: *Georg Büchner*. In: Arnold I/II, S. 363
76 Georg Büchner: *Kritik an einem Aufsatz über den Selbstmord*. In: Werke und Briefe, S. 469 f.
77 Brief an August Stöber vom 9. Dezember 1833. In: *Werke und Briefe*, S. 397. – Das korrespondierte mit den Bemühungen Krauses, eine neue, rein deutsche Wissenschaftssprache zu schaffen. Seit 1812 entstanden Wörter wie Satzheit, Richtheit, Ursatzheit usw. 1816 kündigte Krause ein neues deutsches Wörterbuch an. Vgl. Anm. 60
78 Brief an die Familie vom Februar 1834. In: *Werke und Briefe*, S. 398
79 Brief an Wilhelm Büchner vom 2. September 1836. In: *Werke und Briefe*, S. 440

verlief parallel. Es ist kein Zufall, dass das Lustspiel mit satirischen Beschreibungen philosophischer Systeme und der parodistischen Verwendung philosophischer Kategorien gespickt ist. Es ist auch kein Zufall, dass seine Züricher Probevorlesung 1836 *Über Schädelnerven* die ironiefreie Bewertung der Philosophie gibt, die sich mit den ironischen Brechungen im Stück deckt:

> *„Die Philosophie a priori sitzt noch in einer trostlosen Wüste; sie hat einen weiten Weg zwischen sich und dem frischen grünen Leben, und es ist eine große Frage, ob sie ihn je zurücklegen wird. Bei den geistreichen Versuchen, die sie gemacht hat, weiter zu kommen, muss sie sich mit der Resignation begnügen, bei dem Streben handle es sich nicht um die Erreichung eines Ziels, sondern um das Streben selbst."*[80]

Büchners „vernichtender, manchmal übermütiger Hohn über Taschenspielerkünste Hegel'scher Dialektik und Begriffsformulationen"[81] war unter den Freunden bekannt. Für die Bedeutung der dialektischen Methode hatte er kein Verständnis; es war eine der Grenzen des Büchner'schen Denkens. Neben Hegel könnte es Schopenhauers Werk *Die Welt als Wille und Vorstellung* (1819) sein,

Schopenhauer

mit dem sich Büchner im Zusammenhang mit seinen Vorlesungskonzeptionen beschäftigt hat. Zwar hatte das Werk noch längst nicht die Breitenwirkung, die es 50 Jahre später hatte, und war auch nicht so populär. Aber es war als Gegensatz zu Hegels System in interessierten Kreisen bekannt.[82] Büchners König

---

80 *Werke und Briefe*, S. 371

81 Mitteilungen Ludwig Wilhelm Luck aus Schul- und Universitätszeit. In: *Werke und Briefe*, S. 590 f.

82 In seinen *Fragmenten zur Geschichte der Philosophie* beschrieb Schopenhauer Hegel ähnlich wie ihn Büchner nach Luck betrachtet haben soll: „ein platter, geistloser, ekelhaft-widerlicher, unwissender Scharlatan, der, mit beispielloser Frechheit, Aberwitz und Unsinn zusammenschmierte, welche von seinen feilen Anhängern als unsterbliche Weisheit ausposaunt und von Dummköpfen richtig dafür genommen wurde". Arthur Schopenhauer: *Parerga und Paralipomena*. 1. Band (4. Band der sämtlichen Werke). Leipzig: Reclam, o. J. (1891), S. 117

Peter spricht nicht nur von einem „System", sondern kalauert auch mit „Kategorien" (41) dieses Systems: das „An-Sich", „der freie Wille", seine „Akzidenzien" usw. (41). Diese Versatzstükke sind Begriffe der Philosophie. Sie wurden von Schopenhauer, von Karl Christian Friedrich Krause und anderen verwendet. Krause hatte nicht nur Beziehungen zu Tieck, sondern zwischen 1815 und 1818 in Dresden auch zu Schopenhauer. König Peters „freier Wille", sein männliches Glied, erscheint wie eine Parodie von Schopenhauers *Über den Willen in der Natur* (1836); König Peters „Akzidenzien" (41) berühren sich mit Schopenhauers „Accidenz" (Zufälliges).[83] Schopenhauers Ansicht von der fortwährenden Gegenwart des Leidens und von der schlechtestmöglichen aller Welten berührte sich mit Büchners These vom „grässlichen Fatalismus der Geschichte" und der Frage nach dem, „was in uns lügt, mordet, stiehlt"[84]. Auch Valerios Ablehnung der Arbeit in einer sinnlos gewordenen Welt fände eine philosophische Begründung: **Schopenhauers Pessimismus und Büchners Fatalismus** korrespondieren miteinander; der entscheidende Unterschied liegt in der sozialen Begründung bei Büchner und der Schopenhauer völlig fremden Überlegung, mit einer vom Volk getragenen Revolution dem Determinismus zu begegnen. Trotz seiner Witze über die Kategorien Hegels - mehr als die Begriffe kannte Büchner vermutlich nicht - war er schon durch seine umfangreichen naturwissenschaftlichen Studien mindestens ein Natur-Dialektiker[85], der mit Schopenhauers Dialektik-Ablehnung nichts zu tun hatte. Büchner hätte so das System Schopenhauers in seinen Spott einbeziehen können. Vielleicht wirkte auch Krauses Systemtheorie, nach der die

Büchners These vom „grässlichen Fatalismus der Geschichte"

83 Vgl. dazu: Ralph Wiener: *Der lachende Schopenhauer*. Leipzig: Militzke, 1996, S. 41
84 Brief an die Braut vom November 1833. In: *Werke und Briefe*, S. 395
85 Vgl. dazu: Thomas Michael Mayer: *Georg Büchner*. In: Georg Büchner I/II, S. 408

Welt aus Menschheit, Natur und Vernunft bestand. Glaube war bei ihm und Büchner nicht nur eine religiöse Kategorie, sondern gehörte zu Erfahrung und Vernunft.

Ein ausgesprochen **materialistisches Prinzip** entwickelte Büchner, indem er sinnvolle Arbeit als Voraussetzung menschlicher Existenz beschreibt. Der Prinz wird auf seinen Beruf als König vorbereitet und kann dabei Müßiggang und Langeweile als sinnvolle Beschäftigungen präsentieren. Die Monarchie erscheint sinnentleert, sinnlos und überflüssig geworden. Der Narr Valerio stellt dieses Merkmal aristokratischer Struktur nachdrücklich aus, indem er sich als „Jungfrau in der Arbeit" (40) bezeichnet. Valerio begründet sein Narrentum aus dem Nichtstun, er selbst aber nutzt diese Bedingungen, um sie durch Tätigkeit zu verändern. Da dies nur als Denkvorgang möglich ist, weil die absolutistische Herrschaft noch stabil ist, erklärt sich Valerio schließlich für sie, will „Staatsminister" sein und entwirft das Bild eines sinnlosen Daseins in einer sinnlosen Gesellschaft, in der auch einst ideelle Werte wie Religion sinnlos geworden sind (74). Ersatzwerte sind romantische Empfindungen (39) und das beherrschende Gefühl der Langeweile (44), ihre Darstellung geschieht mit romantischen Requisiten („ambrosische Nacht", 43), in einer romantischen Szenerie aus Kloster, Eremit und Schäfer (58) mit fanatisierter Gläubigkeit („die Welt sei ein gekreuzigter Heiland", 53) und in Erwartung des Todes, des Traumes und anderem.

sinnvolle Arbeit als Voraussetzung menschlicher Existenz

Dem folgt, dass **die zentrale Frage des Stückes**, von allen Personen gestellt, die ist, wer man denn sei. Da alle Personen in die Determination, Vorherbestimmung oder Fremdbestimmung eingebunden sind, sind ihnen **Individualität und Persönlichkeit** fremd. Das ist

zentrale Frage des Stückes

die zentrale Frage des Stücks. Die Frage nach dem idealen Einzelmenschen erfährt von Büchner eine negative Antwort; das ist in der deutschen Literatur neu. Die Aufklärung versuchte, durch Vernunft und Edelmut den Menschen zu Weisheit und Güte zu führen. Die Klassik hatte die harmonische Persönlichkeit zum Ziel, zu der sich der Einzelne höchstmöglich vervollkommnen sollte. Büchner stellte nicht nur eine Gegenthese auf, sondern polemisierte indirekt auch gegen Schillers *Über die ästhetische Erziehung des Menschen* (1795), wo Neigung und Pflicht durch die Kunst versöhnt werden. Büchner wusste es anders: Seine Lena stellt einen Widerspruch zwischen der Kunst („Wir haben alles wohl anders geträumt mit unsern Büchern", 58) und der Wirklichkeit („... sie ist schön und so weit", ebd.) fest. Schillers Vorstellung, durch das Spiel (das Ästhetische) den Menschen zur Vernunft zu befähigen, führte Büchner ad absurdum: Das Spiel („die zwei weltberühmten Automaten", 70) wird von „Puppen" gespielt; die der Selbstentfremdung entfliehenden Menschen kehren an den Ausgangspunkt zurück. Büchners Aversion galt den „so genannten Idealdichtern" - bedeutendster Vertreter für ihn war Schiller - weil

Widerspruch zwischen Kunst und Wirklichkeit

> *„sie fast nichts als Marionetten mit himmelblauen Nasen und affektiertem Pathos, aber nicht Menschen von Fleisch und Blut gegeben haben, deren Leid und Freude mich mitempfinden macht und deren Tun und Handeln mir Abscheu oder Bewunderung einflößt. Mit einem Wort, ich halte viel auf Goethe und Shakespeare, aber sehr wenig auf Schiller."*[86]

Die Personen spüren die **Verluste der Individualität**: Der Prinz sehnt sich zu Beginn, „einmal jemand anders sein" zu können (38). Das ist eine Faust-Variation: Leonce ist ein satirisch gebrochener, „heruntergekommener" Faust, der sich auch an

86 Brief an die Familie vom 28. Juli 1835. In: *Werke und Briefe*, S. 423

Fausts Selbstmord versucht, aber unspektakulär von Valerio gerettet wird. Leonce weiß in seiner Liebe zu Lena nicht, „wer sie ist" (65). Peter fordert von Valerio geradezu verzeifelt: „... etwas müsst Ihr denn doch sein" (70). Valerio will dem Befehl folgen, obwohl er selbst nicht weiß, „wer ich wäre" (70). Zu diesen ernsthaften Fragen kommt auch hier die Karikatur: Die Bauern sollen Tannenzweige so vor sich halten, „damit man meint, ihr wärt ein Tannenwald" (66). Nur eine einzige Figur des Stückes ist sich sicher, wer sie ist: Rosetta, die Geliebte und Mätresse Leonces. Unter den Puppen ist sie der einsame Mensch, „Ich bin eine arme Waise" (46). Ihre Liebe ist ebenso echt wie die Trauer, aber wegen dieser echten Gefühle bleibt sie allein. Es kommt zwischen ihr und Leonce kein richtiger Dialog zu Stande, so sehr sie sich darum bemüht („Du liebst mich, Leonce?", „Und immer?" usw., 44 ff.). Deshalb flüchtet sie ins Lied, in dem sie ihre Gefühle, ihre Befindlichkeit und ihre Einsamkeit als Mensch unter „Puppen" ausdrücken kann. „Ich fürchte mich ganz allein." (46) Statt der Heiterkeit, mit der die anderen auf Fremdbestimmung reagieren, beherrscht sie der „liebe Gram", den sie mitnimmt: „Willst du nicht kommen mit mir heim?" (46). Rosetta ist eine tragische Gestalt, denn für ihre Gefühle und ihre Liebe, die noch echt und nicht in den mechanischen Ablauf einbezogen sind, gibt es in der Welt des Leonce keinen Platz.

als Mensch unter Puppen

In einer einleuchtenden Interpretation sah Hans Mayer, ein herausragender Büchner-Forscher, das Lustspiel als **Parodie von Goethes *Faust***. Dazu führte er aus:

Hans Meyer

- Prinz Leonce parodiere „die Ekstasen und Krisen des Goethe'schen Faust";
- Faust erscheine als Lustspielfigur und das bereits in der 1. Szene;
- in der 1. Szene präsentiere sich Leonce als Faust (im Monolog) und Hamlet;

- Leonce möchte wie Faust ein Anderer sein, „das Ich und das Nicht-Ich";
- Leonce meinte, in der Begegnung mit Lena den „höchsten Augenblick" zu erleben;
- Leonce parodierte Fausts Selbstmordversuch, selbst die kristallene Giftschale;
- Lena „ist Romantik plus Romantikparodie";
- parallel dazu parodiere Büchner noch Hegels „List der Idee".

Aus alledem könnte man annehmen, „dass Büchner ausgerechnet dem Verlag Cotta, dem Verlag mithin der deutschen Klassik, ein Lustspiel eingereicht hätte, das insgeheim gar nichts anderes anstrebte als eine Demolierung der klassischen deutschen Literatur und ihrer philosophischen Grundlegung, des philosophischen Idealismus"[87].

---

87 Mayer: *Prinz Leonce und Doktor Faust*, S. 535. Die anderen Zitate stammen von den S. 534 bis S. 539.

3. Themen und Aufgaben

Die Verweise der Lösungshilfen beziehen sich auf die Seiten der vorliegenden Erläuterung.

1) Thema: Die Ankleideszene König Peters

- Beschreiben Sie Ihre Vorstellungen von den Königreichen Popo und Pipi.
- Beschreiben Sie den Zusammenhang zwischen Ankleiden des Königs und Machtrepräsentanz und außerdem die geistigen Inhalte dieser Macht.
- Welche Rolle spielen im Denken des Königs sein Volk, die Politik und die gesellschaftliche Entwicklung?
- Vergleichen Sie die Szene mit Christian Andersens Märchen *Des Kaisers neue Kleider* und mit Bert Brechts Ankleideszene des Papstes in *Das Leben des Galilei.*

Textgrundlage: Szene 1. Akt, 2. Szene
Lösungshilfe: S. 29 f., 41

2) Thema: Die Rolle der Arbeit in dem Lustspiel

- Beschreiben Sie Leonce' Vorstellung von seiner Arbeit und seinem Beruf als König.
- Wie wird die Arbeit in Valerios erstem Dekret als Staatsminister bestimmt und wie reagiert dieses Dekret auf Leonce' Bewertung der Arbeit?

Textgrundlage: Vorrede, Szenen: 1. Akt, 1. Szene, 3. Akt, 3. Szene
Lösungshilfe: S. 29, 38 f.

- Erklären Sie die „Vorrede“ (Ehre oder Hunger) unter dem Aspekt „Arbeit“.
- Beschreiben Sie alle Formen von Arbeit und deren Wert in dem Lustspiel.

3) Thema: Puppen und Automaten

Textgrundlage: Szene 3. Akt, 3. Szene
Lösungshilfe: S. 27, 49 f., 67

- Beschreiben Sie die Rolle, die die Personen bei Hofe spielen (müssen).
- Wodurch nimmt Valerio eine andere Position als diese Personen ein?
- Was erreicht er mit der Vorstellung der Menschen als Automaten?
- Erklären Sie die philosophischen und/ oder literarischen Voraussetzungen für diese Puppen/Automaten.

4) Thema: Persönlichkeit und Identität

Textgrundlage: gesamter Text
Lösungshilfe: S. 77 ff.

- Stellen Sie alle Aussagen zusammen, in denen danach gefragt wird, wer man sei.
- Welche Antworten werden auf diese Fragen gegeben und welche wären möglich?
- Wer erscheint Ihnen am menschlichsten? Begründen Sie Ihre Entscheidung.
- Wenn Sie in einer Aufführung mitspielen sollten, welche Rolle würden Sie sich wählen und warum?

5) Thema: Büchners Fatalismus und die Langeweile

Textgrundlage: Fatalismusbrief Büchners an seine Braut

- Erklären Sie Büchners Begriff vom „grässlichen Fatalismus der Geschichte“.

- Wenden Sie den Begriff auf das Lustspiel an. (s. S. 73)
- Warum genießen die Personen die Langeweile und den Müßiggang? Welche anderen Handlungen wären ihnen möglich?

Lösungshilfe: S. 76

6) Thema: *Leonce und Lena* als Lustspiel

Textgrundlage: gesamter Text

Lösungshilfe: S. 19 ff., 69 ff.

- Leonce inszeniert den Raum für sich und Rosetta. Was ist daran romantisch? Gehen Sie auf die Bedeutung der Nacht in dieser Szene und des Nächtlichen im Stück ein.
- Berichten Sie über Entstehung und Quellen des Stücks.
- Was stützt die Bezeichnung als „Lustspiel" und was nicht?
- Beschreiben Sie komödiantische Mittel: Sprachwitz, Karikatur und Übertreibung.

7) Thema: Der Georg-Büchner-Preis

- Stellen Sie die Büchnerpreisträger seit 1951 zusammen und informieren Sie darüber. Die Büchner-Preis-Reden sind in Reclams Universal-Bibliothek erschienen: Nr. 9332 (1972): Reden von 1951–1971, Nr. 8011 (1984): Reden von 1972–1983, Nr. 9313 (1994): Reden von 1984–1994.
- Wählen Sie sich ein Beispiel und beschreiben Sie die Beziehungen zwischen der/dem Schriftsteller/in und Georg Büchner (z. B. Volker Braun und Georg Büchner).
- Lesen Sie eine Büchner-Preisrede und beschreiben Sie, welchen Zugang die/der von Ihnen gewählte Schriftsteller/in zu Büchner gewählt hat.

Lösungshilfe: S. 91

4. Rezeptionsgeschichte

Die Urteile über das und Einschätzungen des Lustspiels sind kaum zu zählen, sie sind unterschiedlich und gegensätzlich. Heute wird das Lustspiel vor allem als satirisches und groteskes Stück gelesen, das mit der versöhnlichen Heiterkeit traditioneller Lustspiele nichts zu tun hat, dafür dem absurden Theater anregend wurde.[88] Man verstand Leonce und Lenas Schicksal als Beispiel radikaler Absurdität. Es hat sich auch durchgesetzt, die romantischen Anleihen des Stücks als Spott auf literarische Beispiele und die Ähnlichkeiten mit romantischen Lebensgefühlen als Karikaturen zu betrachten. Das begann mit der Interpretation durch den Freund Büchners und bürgerlichen Demokraten Wilhelm Schulz (1797–1860), der 1851 das Stück als **Satire auf die preußischen Könige** Friedrich Wilhelm III. und IV.[89] las und Valerios Dekret „wenn nicht in den Staaten, doch in den Hofstaaten, schon lange und vier und dreißig Mal verwirklicht" sah.[90] Karl Vietor sah 1934, das Stück missverstehend, darin „ein graziöses Kammerstück mit Nachklängen romantischer Lebensbestimmung und Wortwitzelei, mit seiner genialischen Melancholie nach Byrons Art und seinen Anknüpfungen an den modernen Komödienton des von B. geschätzten Musset"[91]. Ähnlich hatte schon früher der sonst sehr sensible Paul

Leonce ein Abbild Büchners

Landau in Leonce ein Abbild Büchners erkannt, „ein geheilter, geläuterter

88 Vgl. Martin Esslin: *Das Theater des Absurden.* Reinbek: Rowohlt, 1965, S. 259 f. (rowohlts deutsche enzyklopädie)

89 Vgl. Dedner 2001, S. 121

90 Wilhelm Schulz: *Nachgelassene Schriften von G. Büchner.* Zit. nach: Walter Grab: Georg Büchner und die Revolution von 1848. Der Büchner-Essay von Wilhelm Schulz. Text und Kommentar. Königstein (Ts.): Athenäum, 1985, S. 61 f. – Die Zahl 34 bezieht sich auf die selbstständigen monarchischen Staaten im Deutschen Bund, zu denen vier freie Reichsstädte kamen.

91 Karl Vietor: *Karl Georg Büchner.* In: Martens 1965, S. 13

Melancholiker und Phantast."[92] Noch Hans Mayer, der grundlegend für die Büchnerforschung war, sah in dem Lustspiel ein Werk zwischen Büchners anderen Werken, das sich „wunderlich ausnimmt" und alles „scheint aus zweiter, wenn nicht dritter Hand" zu sein[93] – das „scheint" ist wichtig, denn Hans Mayer resümierte schließlich: „Die scheinbar so frohe Hymne auf Müßiggang und Langeweile entstammt bei Büchner dem Hass und der Verzweiflung."[94]

Uraufführung

Die Uraufführung 1895 setzte einen Schlusspunkt unter **die naturalistische Beschäftigung** mit Georg Büchner. In der dem Naturalismus nahen Zeitschrift *Mehr Licht!* war 1878 Büchners *Woyzeck* erstveröffentlicht worden. Richard Voss' Roman *Bergasyl* (1881) charakterisierte seinen Helden durch die Lektüre von Büchners *Leonce und Lena*. Er hatte Lenas Worte angestrichen: „... es gibt Menschen, die unglücklich sind, unheilbar, bloß weil sie sind." (62) – Rezensionen, Ehrungen wegen seines „zynischen, bis zur Brutalität gehenden Naturalismus"[95], Montagen (und Huldigungen wie in Wilhelm Arents *Verschollene Dichter*, 1887) schlossen sich an. Am 17. Juni 1887 sprach Gerhart Hauptmann im Verein *Durch* über Büchner und schrieb seine Novelle *Bahnwärter Thiel* (1888) in dessen Tradition. 1895, der Naturalismus hatte seinen Höhepunkt hinter sich und war in Auflösung, fand schließlich in München die Uraufführung[96] von *Leonce und Lena* statt. Max Halbe hatte das „Intime Theater" ins Leben gerufen, wo im Kreis kaum 35 Jahre alter Schriftsteller Aufführungen ohne allen theatralischen Apparat stattfanden. Im Vorstand des

92 Paul Landau: *Leonce und Lena*. In: Martens 1965, S. 50
93 Mayer 1960, S. 306
94 ebd., S. 317
95 Robert Prölß: *Geschichte des neueren Dramas*. Leipzig 1883, 3. Band, 2. Hälfte, S. 291
96 Vgl. dazu: Ingeborg Strudthoff: *Die Rezeption Georg Büchners durch das deutsche Theater*. Theater und Drama Bd. 19, Berlin 1957, S. 37 f.

Theaters saßen naturalistische Schriftsteller. Aufgeführt wurden Strindbergs *Die Gläubiger*, Caesar Flaischlens *Toni Stürmer* und Büchners Lustspiel[97]. Das „Intime Theater" war ein Treffpunkt naturalistischer Schriftsteller; Otto Erich Hartleben aus Berlin reiste an und Hermann Bahr, der Österreicher, berichtete darüber.[98]
Die Uraufführung fand an einem Maienabend in einer Parkanlage statt. Hecken bildeten die natürliche Kulisse. Etwa 50 geladene Gäste aus der Münchner Gesellschaft gruppierten sich auf der Festwiese, an deren Rand ein Fass Bier zusätzliche Unterhaltung bot. Der Szenenwechsel wurde durch Tafeln ausgewiesen, wie es einst das Theater Shakespeares zeigte. Franz Held (eigentlich: Herzfeld) und Georg Schaumberg hatten zusätzlich Verse geschrieben, die die szenische Situation erklärten. Das alles passte, wie sich Halbe erinnerte, „vortrefflich zu der uns Spieler beseelenden und bald auch das Wiesenpublikum mit fortreißenden guten Laune und Ausgelassenheit"[99]. Zeitlebens hing bei Max Halbe, der den Leonce gespielt hatte, der Theaterzettel der Uraufführung unter Glas in seinen Arbeitszimmern. Ernst von Wolzogen (1855–1934) führte Regie; das Stück entsprach seiner Ansicht von der Vereinigung von Naturalismus und Humor. Oskar Panizza, er spielte Hofmeister und Hofprediger, hatte 1894 mit den Automaten in Menschengestalt in seiner Komödie *Der heilige Staatsanwalt* fast eine Variante zu Büchners Lustspiel geschrieben: In Panizzas Komödie verteidigt Luther die Wollust gegen eine vom Staat verordnete Sittlichkeit. Der Dichter und Kulturhistoriker Eduard Fuchs (1870–1937), der den Schulmeister spielte, gab 1896 in seiner „Sammlung gesellschaftswissenschaftlicher Aufsätze" Büchners *Hessischen Landboten* heraus.

---

97 Die Uraufführung von Büchners Lustspiel dokumentiert mit Text und Bild relativ gründlich der Katalog: *Georg Büchner 1813–1837*. Basel, Frankfurt a. M. 1987, S. 312–313 (Die Uraufführung im Garten)

98 Adalbert von Hanstein: *Das jüngste Deutschland.* Zwei Jahrzehnte miterlebter Literaturgeschichte. Leipzig: R. Voigtländers Verlag, 1901, S. 312

99 Max Halbe: *Jahrhundertwende.* Geschichte meines Lebens 1893–1914. Danzig 1935, S. 149 ff.

Seit der Uraufführung von *Leonce und Lena* 1895 und nachdem es 1912 von Gustav Lindemann in den Spielplan des Düsseldorfer Schauspielhauses aufgenommen wurde, gehört das Werk zum Repertoire deutscher Bühnen. Inszenierungen folgen einander regelmäßig. Dabei sind zwei unterschiedliche Aufnahme- und Inszenierungsmodelle erkennbar: die Beachtung des „heiter-spielerischen Lustspiels" und die „beißende Satire". Diese „zweigleisige" Rezeptionsgeschichte wurde mit der „Ambivalenz" des Stückes erklärt, in dem sich „Romantisch-Heiteres und Politisch-Satirisches in eigentümlicher, ja paradoxer Weise miteinander verbindet"[100]. In den fünf Jahren zwischen 1981 und 1985 gab es mehr als 30 Inszenierungen, darunter in Stockholm (Regie: Tomas Melander), Bochum (Regie: Claus Peymann), Karlsruhe (Regie: Günter Ballhausen), Köln (Regie: Jürgen Flimm), München (Regie: Dieter Dorn) und Hamburg (s. S. 89). 2000/2001 gab es Inszenierungen in Rotterdam (Oktober 2001), Landesbühne Niedersachsen-Nord (September 2001), Waggonhalle Kulturzentrum e. V. Marburg und Ingolstadt (Mai 2001), in Minnemeers (Niederlande) und Warszawa (Polen), Wien und Strasbourg. Auffallend viele Gymnasien inszenierten das Stück.

das Werk gehört zum Repertoire deutscher Bühnen

Das Lustspiel war nie unumstritten. **Robert Walser**, der Büchner liebte und als Stern am Himmel deutscher Dichtung feierte, sah in *Leonce und Lena* kein glänzendes Lustspiel:

> *„... wenn aber ein Lustspiel von ihm ... als ein glänzendes bezeichnet wird, so kann ich mich an diesem Beifall unmöglich beteiligen; denn was den Humor in dieser sicher sehr vornehmen Posse betrifft, so scheint mir Tatsache zu sein, er sei unecht, indem er sich gleichsam vor sich selbst hochachtungsvoll verbeuge, und was die Schönheit des Stückes betrifft, so*

100 Hiebel, S. 127

würde ich sie als fein bezeichnen, immerhin aber beifügen, sie stehe nicht ganz auf eigenen Beinen, es sei ein bisschen viel Anlehnung dabei."[101]

Abwertung

Der Grund für diese Abwertung liegt auf der Hand: Walser nahm die sozialen, philosophischen und kulturellen Bezüge zu Büchners Gegenwart nicht wahr und sah das Stück nicht als ironische Brechung der Erfahrungen Büchners. Literatur als kritische Auseinandersetzung mit der sozialen Wirklichkeit war Walser fremd. –
Eine besondere Aufmerksamkeit erlebte das Lustspiel um 1968, als der Bruch mit Konventionen und das Hinterfragen erstarrter, vor allem akademischer Normen besonders Konjunktur hatten. Eine Inszenierung 1976 in Eisleben (Regie: Peter Ibrik) ließ den Hofstaat nach den Klängen eines Glockenspiels wie aus einem Raritätenkabinett marionettenähnlich aufziehen. Über eine Inszenierung in den Münchener Kammerspielen wurde berichtet:

„Zu Beginn werden die Hauptfiguren in Puppenkartons mit Zellophandeckeln hereingetragen. Man versteht: Willenlose Puppen, die man tanzen lässt! Am Ende wiederholt sich der Vorgang, als Valerio (Lambert Hamel) der Hofgesellschaft im Ton eines Marktschreiers die Ankunft der beiden ‚weltberühmten Automaten' verkündet. Als die Identität des Paares festgestellt ist, können die Polizeidiener abtreten. Als solche agieren im Reiche Popo dem FBI nachempfundene und mit krächzenden Sprechfunkgeräten bestückte Bereitschaftskommandos."[102]

In einer Inszenierung des Zwickauer Sero-Theaters (Regie: Egmont Elschner) im Oktober 1997 ersetzte man die Puppen-

101 Robert Walser: *Ein Dramatiker*. In: ebd.: Dichteten diese Dichter richtig? Frankfurt a. M. und Leipzig: Insel Verlag, 2002, S. 120

102 Helly M. Reifferscheidt: *Leonce und Lena in Puppenkartons*. In: Die Weltbühne. Berlin 1981, Nr. 28, S. 875

kartons durch eine stattliche Zahl von Flimmerkisten und deutete damit die moderne Art der Fremdbestimmung an. Es fiel dieser Inszenierung nicht schwer, das Stück in die Gegenwart zu übertragen: Statt der Weinkelche wurden Bierbüchsen geleert, die jungen Menschen sind einem ebenso sinnlosen Leben ausgesetzt wie Leonce und Lena.[103] Eine ähnliche Lösung für die Fremdbestimmung fand man 1999 in einer Inszenierung am Theater Junge Generation in Dresden (Regie: Martin Nimz) – gedacht für Kinder von 12 Jahren an, was wohl doch den Text unterschätzt – wo sich alle Figuren am Ende auf einer Spieluhr drehen.

die moderne Art der Fremdbestimmung

Berühmte Regisseure nahmen sich des Stückes an; fast eine Modellaufführung wurde die Fritz Kortners (1963), Beispiel für „die Schönheit des Denkens und Spielens darin". So urteilte Benjamin Korn, der diese Inszenierung in einer Fernseh-Aufzeichnung sah und sie für die eigene Inszenierung 1982 am Hamburger Thalia-Theater nutzte. Korns Finale war weniger schön als böse:

„Leonce und Lena kehren an den Hof zurück. Die Liebenden merken, dass sie doch nur Prinz und Prinzessin sind. Man hat geheiratet – und ist jetzt sehr verstimmt. Doch einen Moment lang nimmt das junge Königspaar die neuen Rollen an, gibt der Dienerschaft huldvoll Befehle. Das ist ein politisches, ein böses Ende. Darauf folgt ein poetischer, ein todtrauriger Schluss. Während der König Leonce (wie einst der Prinz Leonce) redet und redet, legt sich Lena in ihrem Holzkarren, mit dem sie die Reise nach Popo gemacht hat, auf die Kissen. Leonce merkt nichts, oder es ist ihm gleich, er redet weiter. Die Prinzessin schläft ein. Die Komödie ist zu Ende, die Liebe gestorben."[104]

103 Vgl. dazu Jan-Dirk Franke: *Verklärtes Märchen mit Zeitbezug*. In: Freie Presse, Chemnitz 1997, 11./12. Oktober

104 Benjamin Henrichs: *Das Märchen ist ganz musikalisch*. Georg Büchners *Leonce und Lena* am Thalia Theater. In: DIE ZEIT vom 23. April 1982, S. 50

Die erste Inszenierung des Lustspiels nach der Wende fand am Nationaltheater Weimar am 27. Januar 1990 (Regie: Leander Haussmann) statt. Haussmann erinnerte an die Rezeption im Umfeld der 68er, die tradierte autoritäre Normen in Kultur, Wissenschaft und Politik verändern wollten: Der König erschien im T-Shirt mit dem Aufdruck „Satisfaction", Leonce mit langen Haaren und der obligaten Nickelbrille, Lena kam mit Freund und Auto auf die Bühne, der Text wurde mit fremdsprachigen Versatzstücken aufbereitet. Die Inszenierung wollte nichts über ein mögliches Leben zeigen, sondern die Unverbindlichkeit, in der eine zukunftslose Gesellschaft erstarrt ist und dramatische Konflikte, ja tragische Lebensläufe nur zur Karikatur dienen. Haussmann machte aus Büchners Kreislauf das Chaos. – Eine Inszenierung bei den Salzburger Festspielen 1975 mit Klaus Maria Brandauer als Leonce, Sylvia Manas als Lena und Peter Brogle als Valerio, (Regie: Johannes Schaaf) kam am 9. August 1997 ins Fernsehen (3sat).

Rezeption nach der Wende

Auch die modernistische Deutung gab es: Im Mai 1998 inszenierte Andreas Kriegenburg *Leonce und Lena* sehr frei nach Büchner am Münchner Residenztheater. Die ersten zwei Akte waren „Spaß. Aber jetzt wird's lustig"; so kündigte der Präsident den 3. Akt, die Hochzeit, an. „Im Niemandsland Popo ist alles hoffnungslos, aber nichts und niemand ernst."[105] Groteske Überhöhung und Trennung von Büchner bestimmten die Inszenierung. Die einsame Rosetta wurde vom Schulmeister, Hofmeister und Zeremonienmeister vergewaltigt. Büchners scharfsinnige Analyse der Fremdbestimmung, hergeleitet aus einer sozialen Situation, wurde wie das Stück demontiert, um Platz für Kalauer und situationsbedingte Schockwirkungen zu bekommen. – Noch ärger, wie ein Kritiker berichtete, geriet 2001 eine Inszenierung am Schauspielhaus Leipzig (Regie: Michael Thalheimer), wo Büchner zum Stichwortgeber

105 Vgl. Gabriella Lorenz: *Königreich der Müßiggänger*. In: Berliner Morgenpost vom 5. Mai 1998

taugte und im übrigen ein „Verdummungsprogramm" des Fernsehens ablief, den Akteuren „ein krampfartiges Irresein" zugeordnet wurde und sich der Rest – „solcherart Quatsch" fast ohne Büchners Text – „um primäre und sekundäre Geschlechtsmerkmale rankte."[106] Eine andere Kritik der Inszenierung vermerkte im angestrengten Versuch, dem zuvor hoch gelobten Regisseur gerecht zu werden, dass „durch radikale Striche Raum geschaffen (wurde) für die ausführliche Bebilderung einer psychopathologischen Studie"[107]. Die hatte Büchner nicht geschrieben und wollte sie nicht schreiben; ihm ging es um den Menschen im Geschichtsprozess.

Mehrfach entstanden nach dem Lustspiel Opern:
1961 Kurt Schwaen: *Leonce und Lena*. Kammeroper (erfolgreichste Vertonung)
1978 Paul Dessau: *Leonce und Lena* (Text: Thomas Körner)
1981 Thomas Hertel: *Leonce und Lena*

der namhafteste deutsche Literaturpreis

Herausragend ist in der Wirkungsgeschichte der **Georg-Büchner-Preis**, der der namhafteste deutsche Literaturpreis ist. Er wurde 1923 als hessischer Staatspreis zur Kunstförderung gestiftet, zwischen 1933 und 1944 nicht verliehen, seit 1951 vergibt ihn die Deutsche Akademie für Sprache und Dichtung (Darmstadt). 1980 wurde eine eigene „Forschungsstelle Georg Büchner" an der Philipps-Universität Marburg gegründet. Im Entstehen ist eine historisch-kritische Georg-Büchner-Ausgabe, an der Burghard Dedner und Thomas Michael Mayer arbeiten, die alle bisher vorhandenen historisch-kritischen Ausgaben übertreffen wird: Für Büchners schmales Werk sind 18 Bände der *Sämtlichen Werke und Schriften* geplant, die 2012 vorliegen sollen.

106 Gottfried Blumenstein: *Früh verstorbener Meister als Stichwortgeber*. In: Freie Presse, Chemnitz, vom 20. März 2001

107 Evelyn Finger: *Exzentrischer Witz*. In: DIE ZEIT Nr. 13, 22. März 2001, S. 56

5. Materialien

Die ersten Einschätzungen des Lustspiels kamen aus dem Freundeskreis. Nachdem es in der Ausgabe von Karl Emil Franzos 1879 (ausgeliefert 1880) erschienen war, schrieb Büchners Jugendfreund Georg Zimmermann in einer Besprechung:

„‚Leonce und Lena', wovon die ursprüngliche Gestalt nur im ersten Akt wieder aufzufinden war, ist ein politisch-satirisches und zugleich märchenhaftes Lustspiel, das an die Fantasien eines Tieck und Brentano erinnert, aber sich vor der Geschwätzigkeit und Weichlichkeit dieses Dichters bewahrt, unsere moderne Romantik von den Schlacken reinigt und das von dieser Goldwäsche zurückbleibende edle Metall durch eine männliche Gesinnung schmiedet. Die Handlung ist nicht verwickelt. ... Der übersprudelnde Witz hat eine Shakespeare'sche Färbung und ist mit seinem erhabenen Vorbilde leider auch in dem abstoßenden Zynismus verwandt."[108]

In dem Lustspiel wurde von Literaturwissenschaftlern das Märchen im Märchen, das Theater im Theater gesehen. Darin erblickten sie die Folge der „Entmächtigung des Menschen", der als Puppe behandelt würde:

„In dem Lustspiel ‚Leonce und Lena' (1836) dringt der Gedanke von der Entmächtigung des Menschen durch die Geschichte in die Form ein, und zwar löst sich dieser tragische Gedanke parodistisch in der Lustspielsymmetrie, inhaltlich wird er im Märchen aufge-

108 Mitgeteilt von Jan-Christoph Hauschild. In: *Büchner Jahrbuch 5/1985*, S. 345: Georg Zimmermann: *Georg Büchner und die Gesamtausgabe seiner Werke*. In: Beilage zur Allgemeinen Zeitung, Nr. 143 vom 22. Mai 1880, S. 2083

nommen. ‚Leonce und Lena' ist … die ‚Deutung des Lebens als Komödie'; im Moment der Entmächtigung des Menschen durch die Geschichte wird das Leben maskenhaft, es führt zur Metapher des Puppenspiels."[109]

Das Stück wurde häufig auch als soziale Kritik an der Aristokratie und an der Herrschaft des Feudalismus gelesen:

„In ‚Leonce und Lena' nimmt er (Büchner, R. B.) einer sterbenden Klasse die Maske ab. Hinter der zur Schau getragenen noblen Nonchalance und dem geistreichen Gerede verbirgt sich ihr hippokratisches Gesicht, die Langweile, ihre Aporien, ihre Perspektivlosigkeit. Diese Komödie gleicht einem Totentanz, seiner letzten, euphorischen Szene."[110]

In einem Lehrmaterial für künstlerische Lehranstalten wurde Büchners Lustspiel vollständig als politische Satire gesehen:

„Im Lustspiel ‚Leonce und Lena' macht Büchner die herrschende Klasse direkt zum Gegenstand seiner politisch-philosophischen Satire. Die stoffliche Eroberung der Welt der herrschenden Klasse – das bedeutet für Büchner deren unversöhnliche, vernichtende Kritik – war ein weiterer Fortschritt in der Entwicklung des Dichters. Büchner bediente sich dazu der messerscharfen Satire. … Bei Büchner verbindet sich der Angriff auf die reaktionären

109 Marianne Kesting: *Zur Struktur des modernen Dramas.* In: Episches Theater. Hg. von Reinhold Grimm. Neue wissenschaftliche Bibliothek 15. Kiepenheuer & Witsch: Köln, Berlin, 1966, S. 312

110 Alfons Glück: *„Herrschende Ideen": Die Rolle der Ideologie, Indoktrination und Desorientierung in Georg Büchners Woyzeck.* In: Georg Büchner Jahrbuch 5/1985, Frankfurt a. M.: Evangelische Verlagsanstalt, 1986, S. 53

feudalen Kräfte mit der Kritik in Richtung aller ‚Reichen' und ‚Vornehmen'. Der radikale Charakter der Büchnerschen Satire erklärt sich aus seinem revolutionär-demokratischen Standpunkt, der auch vor der Kritik der Bourgeoisie nicht Halt macht."[111]

Brecht, der Büchners Einfluss für nachdrücklich hielt, stellte ihn in eine Reihe mit den großen Dramatikern der Weltliteratur, mit Goethe und Schiller, Kleist und Lessing, vor allem aber mit Shakespeare. Als er eine Art Handreichung für junge Dramatiker vorbereitete, entwarf er als Empfehlung:

„... wir müssen immer von neuem Shakespeare studieren (allerdings nicht an Hand unserer Bühnenaufführungen). Bedenken Sie, daß über ein Dutzend Stückeschreiber um 1600 diese Bauart beherrschten, nicht alle von ihnen Genies.
Wir müssen vor allem die unaufhörlichen Experimente unserer Klassiker studieren. Welche Unterschiede zwischen den ‚Räubern' und dem ‚Tell', zwischen dem ‚Faust' und der ‚Iphigenie' und dem ‚Bürgergeneral', zwischen ‚Woyzeck' und ‚Leonce und Lena'."[112]

Immer wieder haben sich Literaturkritiker mit der Vieldeutigkeit des Lustspiels beschäftigt:

„Dass Büchners Komödie ‚Leonce und Lena' nicht eben häufig gespielt wird, hat seine Gründe – wie mag das Stück gemeint gewesen sein, wie lässt es sich heute sehen und verstehen? Deutungen gibt es die Menge; sie reichen vom romantischen Lustspiel über

---

111 Heinz Nahke (und Redaktion): *Georg Büchners ästhetische Anschauungen*. Hg. vom Ministerium für Kultur. Dresden: Verlag der Kunst, 1955 (Heft 1), S. 17

112 Bertolt Brecht: *Verschiedene Bauarten von Stücken* (1955). In: Schriften zum Theater. Bd. VII. Berlin und Weimar: Aufbau-Verlag, 1964, S. 348 f.

parodistisches Puppentheater bis zur satirischen Märchenparabel. Von allem hat das Stück Elemente, da mischt sich manches, Schönheit und Schwierigkeit, Fantasie und Wirklichkeit, nüchterner Weltschmerz und aggressive Gesellschaftskritik, Lebensüberdruss und spöttischer Elan durchdringen sich oder wohnen dicht beieinander."[113]

Geblieben ist ein immer intensiver werdender Umgang mit einem Lustspiel, bei dem am wenigsten das Lustspielhafte interessiert, dafür sehr viel mehr die Darstellung eines sich scheinbar sinnlos bewegenden Staats- und Gesellschaftsgetriebes mit einer geschäftigen, aber funktionslos gewordenen Beamtenschaft und einer Welt, die für den Einzelnen immer trostloser, weil unverständlicher wird.

---

113 Günther Cwojdrak: *Warten auf Büchner*. In: Die Weltbühne. Berlin 1978, Nr. 38, S. 1198

Literatur

1) Ausgaben

Büchner, Georg: *Woyzeck. Leonce und Lena.* Hg. und mit einem Nachwort versehen von Otto C. A. zur Nedden. Stuttgart: Reclam, 2001 (Universal-Bibliothek Nr. 7733)
(Nach dieser Ausgabe wird zitiert.)

Büchner, Georg: *Leonce und Lena.* Kritische Studienausgabe. Hg. von Burghard Dedner. Beiträge zu Text und Quellen von Jörg Jochen Berns, Burghard Dedner, Thomas Michael Mayer und E. Theodor Voss. Frankfurt a. M.: Athenäum, 1987 (Büchner-Studien Bd. 3)

Büchner, Georg: *Leonce und Lena.* Bibliothek Xlibris. CD-ROM. Über:
http://www.xlibris.de/CDRO/CDBue/BSBue1.htm

Büchner, Georg: *Werke und Briefe.* Gesamtausgabe. Hg. von Fritz Bergemann. Leipzig: Insel-Verlag (zuerst 1922); Frankfurt a. M., 1974 (12. Auflage) usw.
(In den Fußnoten als ‚Werke und Briefe' zitiert.)

Büchner, Georg: *Sämtliche Werke und Briefe.* Hist.-krit. Ausgabe mit Kommentar, hg. von Werner R. Lehmann, 2 Bände, Hamburg 1967–71, München ^{2}1974

Büchner, Georg: *Werke und Briefe.* Münchner Ausgabe. Hg. von Karl Pörnbacher, Gerhard Schaub, Hans-Joachim Simm und Edda Ziegler. München: dtv, ^{3}1992

Georg Büchner. *Jahrbuch.* Hg. von Thomas Michael Mayer u. a., Frankfurt a. M.: Europäische Verlagsanstalt, 1981–1990, Tübingen 1991 ff.

2) Lernhilfen und Kommentare für Schüler

Brinkmann, Karl (bearbeitet von Kicherer, Friedhelm): *Erläuterungen zu Georg Büchner. Leonce und Lena.* Hollfeld: Bange Verlag, [7]1997 (Königs Erläuterungen und Materialien Band 236) *(Vorläufer des vorliegenden Bandes)*

Hufnagel, Elke: *Georg Büchner. Leonce und Lena.* Stuttgart, Düsseldorf, Leipzig: Ernst Klett Verlag, 2001

Knapp, Gerhard P.: *Georg Büchner.* Stuttgart: Metzler, [2]1984 (Sammlung Metzler 159)

3) Sekundärliteratur:

Arnold, Heinz Ludwig (Hg.): *Georg Büchner I–III.* München: edition text + kritik, 1979–1981, [2]1982

Beese, Marianne: *Georg Büchner.* Leipzig: Bibliografisches Institut, 1983

Büchner, Georg: *1813–1837, Revolutionär, Dichter, Wissenschaftler* (Katalog der Ausstellung Mathildenhöhe, Darmstadt, 2. August–7. September 1987). Basel, Frankfurt a. M.: Stroemfeld/Roter Stern, 1987

Dedner, Burghard; Glück, Alfons; Mayer, Thomas Michael (Hg.): *Büchner-Studien.* Veröffentlichungen der Forschungsstelle Georg Büchner. Frankfurt a. M.: Athenäum, 1885 ff., Band 1 ff. (Band 2: Jan-Christoph Hauschild: *Georg Büchner. Studien und neue Quellen zu Leben, Werk und Wirkung,* Bd. 3: Burghard Dedner (Hg.): *Georg Büchner: Leonce und Lena.* Kritische Studienausgabe)

Dedner, Burghard: *Leonce und Lena.* In: Interpretationen. Georg Büchner. Stuttgart: Reclam, Durchgesehene Ausgabe 2001 (Universal-Bibliothek Nr. 8415)

Goltschnigg, Dietmar (Hg.): *Georg Büchner und die Moderne.* Texte, Analysen, Kommentar. 3 Bände. Berlin, Bielefeld, München: Erich Schmidt Verlag, 2001–02 (Band I: 1875–1945, Band II: 1945–1980, Band III: 1980–2000)

Hacks, Peter: *Ein Motto von Shakespeare über einem Lustspiel von Büchner.* In: Hacks, Peter: Die Maßgaben der Kunst. Gesammelte Aufsätze 1959–1994. Hamburg: Edition Nautilus, 1996

Hauschild, Jan-Christoph: *Georg Büchner – Studien und neue Quellen zu Leben, Werk und Wirkung mit zwei unbekannten Büchner-Briefen.* Königstein: Athäneum Verlag, 1985

Hauschild, Jan-Christoph: *Georg Büchner.* Mit Selbstzeugnissen und Bilddokumenten dargestellt. rowohlts monographien Nr. 503, Reinbek b. Hamburg: Rowohlt Taschenbuchverlag, [3]1997 *(Kurz gefasste Darstellung der umfangreichen Büchner-Biografie des Verfassers, genau und informativ unter Einbeziehung wichtiger Sekundärliteratur)*

Hiebel, Hans H.: *Georg Büchners heiter-sarkastische Komödie Leonce und Lena.* In: Winfried Freund (Hg.): Deutsche Komödien. München: Wilhelm Fink Verlag (UTB 1498), 1988, S. 110–128

Loch, Rudolf: *Georg Büchner. Das Leben eines Frühvollendeten.* Berlin: Neues Leben, 1988

Lukács, Georg: *Der faschistisch verfälschte und der wirkliche Georg Büchner.* In: Lukács, Georg: Deutsche Realisten des 19. Jahrhunderts. Berlin: Aufbau-Verlag, 1952, S. 66–88

Martens, Wolfgang (Hg.): *Georg Büchner.* Darmstadt: Wissenschaftliche Buchgesellschaft, 1965 (Wege der Forschung Bd. III)
(Sammlung wichtiger Aufsätze zu Georg Büchner, darunter zu ‚Leonce und Lena' von Paul Landau, Henri Plard und Gonthier-Louis Fink)

Martens, Wolfgang: *Leonce und Lena.* In: Walter Hinck (Hg.): Die deutsche Komödie. Düsseldorf, 1977, S. 145–159

Mayer, Hans: *Georg Büchner und seine Zeit.* Berlin: Aufbau-Verlag, 1960; Frankfurt a. M.: Suhrkamp, 1972 (suhrkamp taschenbuch 58), [4]1980
(Neue und erweiterte Ausgabe des 1946 in Wiesbaden erstmals erschienenen grundlegenden Werkes zu Georg Büchner)

Mayer, Hans: *Prinz Leonce und Doktor Faust.* In: Mayer, Hans: Das unglückliche Bewusstsein. Zur deutschen Literaturgeschichte von Lessing bis Heine. Zuerst in: Zur deutschen Klassik und Romantik (1963). Frankfurt a. M.: Suhrkamp Verlag, 1986, Berlin und Weimar: Aufbau-Verlag, 1990, S. 532–540

Mayer, Thomas Michael: *Georg Büchner. Eine kurze Chronik zu Leben und Werk*. In: Arnold I/II, S. 357–425

Mayer, Thomas Michael (Hg.): *Insel-Almanach auf das Jahr 1987*. Georg Büchner. Frankfurt a. M.: Insel-Verlag, 1987

Poschmann, Henri: *Georg Büchner. Dichtung der Revolution und Revolution der Dichtung*. Berlin und Weimar: Aufbau-Verlag, 1983, [3]1988
(Gründliche, übersichtliche und genaue Interpretation von Leonce und Lena, S. 179–233, die methodisch Maßstäbe setzt.)

Seidel, Jürgen: *Georg Büchner*. München: dtv, 1998 (portrait Nr. 31001)

Wohlfahrt, Thomas: *Georg Büchners Lustspiel Leonce und Lena. Kunstform und Gehalt*. In: Werner, Hans-Georg (Hg.): Studien zu Georg Büchner. Berlin und Weimar: Aufbau-Verlag, 1988, S. 105–146
(Die auf eine Dissertation zurückgehende Arbeit untersucht neben dem Forschungsstand nachdrücklich die Struktur des Stücks, die zu den unterschiedlichen Interpretationen geführt hat. Gründliche und verständnisvolle Interpretation.)

4) Verfilmung

Leonce und Lena. BRD (Verfilmung für das Fernsehen/ARD/WDR) 1963.
Regie: Heinz Wilhelm Schwarz.